슬기로운 학교생활을 위한
일곱 살
처음 하기 사전

슬기로운 학교생활을 위한
일곱 살 처음 하기 사전

1판 1쇄 인쇄 2023년 3월 3일
1판 1쇄 발행 2023년 3월 13일

글쓴이 정명숙 | 그린이 김윤정
발행인 오영진 김진갑 | 발행처 제제의숲 | 기획편집 이희자
디자인 디자인페이퍼민트 | 마케팅 박시현 박준서 조성은 김예은
출판등록 2013년 1월 25일 제2013-000028호
주소 서울시 마포구 월드컵북로5가길 12 서교빌딩 2층
전화 02-332-7706 팩스 02-332-7741
원고 투고 및 독자 문의 midnightbookstore@naver.com
블로그 blog.naver.com/midnightbookstore
페이스북 www.facebook.com/tornadobook

ISBN 979-11-5873-264-6 (73370)

제제의숲은 ㈜심야책방의 자회사입니다.
이 책은 저작권법에 따라 보호를 받는 저작물이므로 무단전재와 무단복제를 금하며,
이 책 내용의 전부 또는 일부를 사용하려면 반드시 저작권자와 제제의숲의 서면 동의를 받아야 합니다.

잘못되거나 파손된 책은 구입하신 서점에서 교환해 드립니다.
맞춤법과 띄어쓰기는 국립국어원의 기준에 따랐습니다.
책 모서리가 날카로워 다칠 수 있으니 사람을 향해 던지거나 떨어뜨리지 마십시오.
종이에 베이지 않게 주의하세요. 책값은 뒤표지에 있습니다.

＊91쪽 남자 계계 체조 철봉 사진 출처는 위키 백과이며
 이 밖의 모든 사진은 클립아트코리아 라이선스 계약에 의해 사용한 이미지입니다.

슬기로운 학교생활을 위한

일곱 살
처음 하기 사전

정명숙 글 | 김윤정 그림

제제의숲

차례

1장 띵동, 아침이야!

세수하는 방법 • 10

머리 빗는 방법 • 11

식사 예절 • 12

젓가락 잡는 방법 • 14

양치질하는 방법 • 16

단정한 옷차림 • 18

옷 개는 방법 • 19

리본 매듭으로 신발 끈 묶는 방법 • 20

일회용 마스크 쓰는 방법 • 22

손 닦는 방법 • 23

2장 띵동, 학교에 가자!

횡단보도 안전하게 건너는 방법 • 26

통학 버스 안전하게 타는 방법 • 28

안전띠 매는 방법 • 29

우산 펴고 접는 방법 • 30

접이식 자동 우산 사용 방법 • 31

때와 장소에 맞는 인사 예절 • 32

친구 사이의 예절 • 34

휴대 전화 사용 예절 • 36

주변 정리하는 방법 • 38

책상 사용 방법 • 40

3장 띵동, 공부 시간!

의자에 바르게 앉는 법 • 44
연필 바르게 잡는 법 • 46
지우개 사용 방법 • 48
수정 테이프 사용 방법 • 49
사인펜, 색연필 사용 방법 • 50
가위 안전하게 사용하는 방법 • 52
커터 칼 안전하게 사용하는 방법 • 54
부러진 칼날 버리는 방법 • 55
딱풀 사용 방법 • 56
셀로판테이프 사용 방법 • 58
물레방아 커터기 사용 방법 • 59
리듬 악기 연주법 • 60

4장 띵동, 쉬는 시간!

화장실 바르게 사용하는 방법 • 64
쪼그리고 앉는 변기 사용 방법 • 65
사물함 정리 방법 • 66
사물함 속 학용품 정리 방법 • 68
학교 도서실 이용 방법 • 70

5장 띵동, 급식 시간!

우유갑 여는 방법 • 74
급식 예절 • 76
맛김 뜯는 방법 • 78
과자 그릇 만드는 방법 • 79

6장 띵동, 놀이 시간!

미끄럼틀 안전하게 타는 방법 • 82

그네 안전하게 타는 방법 • 84

시소 안전하게 타는 방법 • 86

정글짐에서 안전하게 노는 방법 • 88

철봉 안전하게 이용하는 방법 • 90

줄넘기하는 방법 • 92

보건실 이용 방법 • 94

응급 상황에서의 응급 처치 • 95

7장 띵동, 집에 갈 시간!

운동장 안전 수칙 • 98

교실 안전 수칙 • 99

화재가 났을 때의 행동 요령 • 100

연기를 피해 대피하는 방법 • 101

소화기 사용 방법 • 102

소화전 사용 방법 • 103

지진이 났을 때 행동 요령 • 104

엘리베이터 안전 수칙 • 106

에스컬레이터 안전 수칙 • 107

낯선 사람을 만났을 때 대처 요령 • 108

8장 띵동, 저녁이야!

머리 감는 방법 • 112

손톱 깎는 방법 • 114

손톱 물어뜯는 버릇 고치는 방법 • 115

손쉽게 숙제하는 방법 • 116

그림일기 쓰는 방법 • 118

다양한 일기 쓰는 방법 • 119

책가방 챙기는 방법 • 120

잠옷 입고 잘 준비하는 방법 • 122

1장
띵동, 아침이야!

단정한 옷차림

양치질하기

아침 시간은 짧은데 할 일은 너무 많잖아!

아침에 일어나서
세수하고, 밥 먹고, 양치질하고,
옷 입고, 책가방 챙기고…….
엄마는 엄마대로 아빠는 아빠대로 할 일이 많아.
모두 바쁜 아침에 늦게 일어나거나,
밥 안 먹겠다고 떼쓰는 건 아니지?
내가 할 일은 부모님이 시키기 전에 스스로 하자고!

자기 일은 스스로!

1장 띵동, 아침이야!

수수께끼 토끼가 쓰는 빗은?

"ㄹ.ㅂ.으로 수염을 빗자."

손이나 얼굴을 씻는 것을 '세수'라고 해.
자고 일어나 세수를 하는 건
자는 동안 생긴 얼굴의 때를 없애기 위해서야.
어린아이의 머리카락은 어른보다 가늘어서 엉키기 쉬워.
자면서 엉킨 머리카락을 가지런히 하려면
'빗'으로 빗어 줘야 해.
빗은 용도에 따라 여러 가지가 있는데
어린이는 끝이 동그랗고 누르면 폭신폭신한 것이 좋아.

해답 : 자수염을 빗자

세수하는 방법

❶ 적당한 온도로 물을 틀고 쓸 만큼만 물을 받아.

❷ 비누로 거품을 낸 뒤 얼굴 구석구석에 바른 다음

❸ 받아 놓은 물로 얼굴을 깨끗이 씻어.

❹ 수건으로 얼굴의 물기를 살살 닦고

❺ 로션을 얼굴에 바르면 끝!

머리 빗는 방법

❶ 머리카락의 끝부분부터 위에서 아래로 가지런히 빗고 나서

❷ 떨어지거나 빗에 낀 머리카락은 한데 모아 쓰레기통에 버리고

❸ 빗은 원래 있었던 자리에 두면

❹ 머리 빗기 끝.

이러면 안 돼! 왜 안 되냐고?

⚠️ **얼굴에 비누 거품을 바르고서 눈을 뜨면**
  비누 거품이 눈에 들어가서 따갑고 아파.

⚠️ **수도꼭지를 뜨거운 물(빨간색) 쪽으로 돌려놓으면**
  다른 사람이 수도꼭지를 틀었다가 데일 수 있어.

⚠️ **놀이할 때 긴 머리를 묶지 않으면**
  헝클어지거나 놀이 기구에 끼어 다칠 수 있어.

1장 띵동, 아침이야!

수수께끼
거지 중에 가장 깨끗한 거지는?

나 깨끗하지? 한 푼 줍쇼.

응! 깨끗한 ㅅ.ㄱ.ㅈ. 옛다!

수수께끼 정답: 설거지

아침, 점심, 저녁과 같이 일정한 시간에 음식을 먹는 건 '식사'야. 음식을 먹은 뒤에 그릇을 깨끗하게 씻어 정리하는 건 '설거지'라고 해. 그런데 매일 식사 때마다 내키는 대로 와구와구 먹기만 하면 되는 걸까? 그래도 되는지 한번 살펴보자.

식사 예절

식사하기 전

① 손을 깨끗이 씻고

② 식사 준비는 함께해.

식사할 때

① 어른이 먼저 드시면 먹는 거야.

② "잘 먹겠습니다." 하고 예의 바르게 인사한 다음

잘 먹겠습니다.

③ 차려진 음식은 가리지 말고 골고루 먹기!

④ 반찬을 뒤적거리거나 들었다 놨다 하지 마.

⑤ 음식 먹는 소리를 너무 크게 내거나

물. 엣츄!!

⑥ 식사 중에 돌아다니는 것도 안 돼.

⑦ 재채기가 날 땐 고개를 돌리고 입을 가려.

이러면 안 돼! 왜 안 되냐고?

⚠️ 같이 먹는 반찬을 이리저리 뒤적거리면
  🖐️ 다른 사람이 그 음식을 먹기 싫어져.

⚠️ 먹었던 음식을 보이는 곳에 뱉어 놓으면
  🖐️ 다른 사람이 보고 불쾌해할 수 있어.

⚠️ 음식을 입에 넣고 이야기를 하면
  🖐️ 입안에 있던 음식이 튀어나와.

식사한 후

① 가족들이 식사를 모두 마칠 때까지 기다렸다가

② "잘 먹었습니다." 하고 인사한 뒤

③ 먹고 난 그릇은 스스로 정리해야 해.

상차림 준비

하루에 세 끼 식사를 하지만, 아침에는 특히 모두 바쁘니까 함께 도와야 제시간에 식사를 끝낼 수 있어.
숟가락과 젓가락을 식탁에 놓는 쉬운 것부터 하다 보면 나중에 간단한 요리도 할 줄 알게 되고, 가족과 함께 식사를 준비하는 일이 즐거워질 거야.

밥 / 국 / 숟가락 / 젓가락

왼손잡이일 경우, 반대로 놓으면 먹기 편할 거야.

1장 띵동, 아침이야!

수수께끼
키도 같으면서 하루에 세 번 키 재기 하는 것은?

ス.ㄱ.ㄹ. 쌍둥이 키 재자!

'젓가락'은 음식을 먹을 때 쓰는 한 쌍의 식사 도구야.
집에서 밥을 먹을 때도, 학교에서 급식을 먹을 때도,
매일매일 써야 하니까 젓가락질은 꼭 익혀 둬야 해.
어릴 때부터 포크를 쓰는 외국인들은
젓가락질을 무척 어려워해.
처음에는 서툰 게 당연해. 하지만 계속 반복해서
연습하면 부모님처럼 잘할 수 있게 될 거야.
그러니까 못 하겠다고 안 하려고만 하지 말고,
익숙해질 때까지 하면 돼.

정답: 쌍둥이 키재기

젓가락 잡는 방법

① 젓가락 하나를 엄지손가락과 넷째손가락에 닿게 잡아.

② 나머지 젓가락 하나는 둘째손가락과 셋째손가락 사이에 끼운 다음 엄지손가락으로 지그시 눌러 줘.

③ 둘째손가락과 셋째손가락을 움직여서 젓가락을 오므렸다 벌렸다 해 봐.
이때 두 젓가락 사이는 2센티미터 정도 떨어져 있어야 움직일 수 있어.

④ 위쪽 젓가락만 움직이지? 그럼 성공!

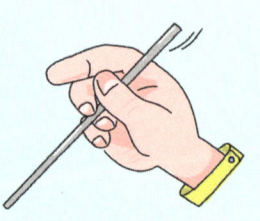
2센티미터 정도
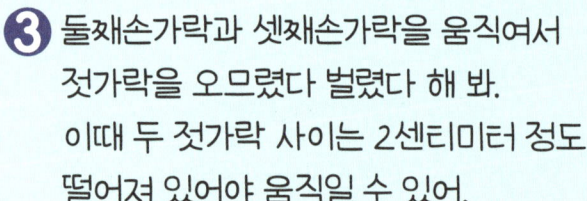
성공

이러면 안 돼! 왜 안 되냐고?

⚠️ **젓가락을 너무 가깝게 잡거나 멀리 잡으면**
   젓가락을 자유롭게 움직이기 힘들어.

⚠️ **자신이 먹던 젓가락으로 상대방에게 음식을 건네주면**
   비위생적이라 상대방이 싫어할 수 있지.

⚠️ **젓가락으로 장난을 치면**
   옆에 있던 친구가 다칠 수 있어.

한국·중국·일본 젓가락 비교

중국과 일본도 우리나라처럼 젓가락을 써서 식사를 하는 나라야. 세 나라 가운데에서도 특히 우리나라 젓가락은 미끄러운 금속으로 만들어져 가장 쓰기 어렵다고 해.

1장 띵동, 아침이야!

수수께끼
고슴도치가 동굴 속에 들어가 거품 목욕하는 것은?

이를 닦고 물로 입안을 씻는 일을 '양치질'이라고 해.
하루 세 번, 식사 후 삼 분 내로, 삼 분 동안
이를 닦으라는 말 많이 들었지?
귀찮다고, 잊어버렸다고 건너뛰면 안 돼.
또 잠을 잘 때는 침 분비가 줄어들어
입안 세균이 가장 많아지니까
자기 전에는 꼭 양치질을 하는 것이 좋아.
밥 먹으면 꼬박꼬박 양치하기.
무서운 치과에 안 가는 비법이지.

정답: 수수께끼 정답: 양치질

양치질하는 방법

① 치약을 칫솔모 사이에 스며들도록 짜서

빗질하듯
아래에서 위 ↑
위에서 아래 ↓

② 이 바깥쪽부터 아랫니는 아래에서 위로, 윗니는 위에서 아래로 빗질하듯이 닦아야 해.

③ 이 안쪽도 ②번처럼 닦아. 단, 앞니는 칫솔을 세워 닦기. 어금니의 씹는 면은 문지르듯 꼼꼼히 닦고

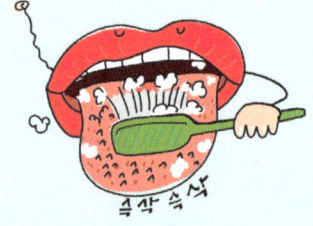

④ 혀는 안에서 바깥으로 쓸어내리듯 닦으면 돼.

어금니도 꼼꼼히.

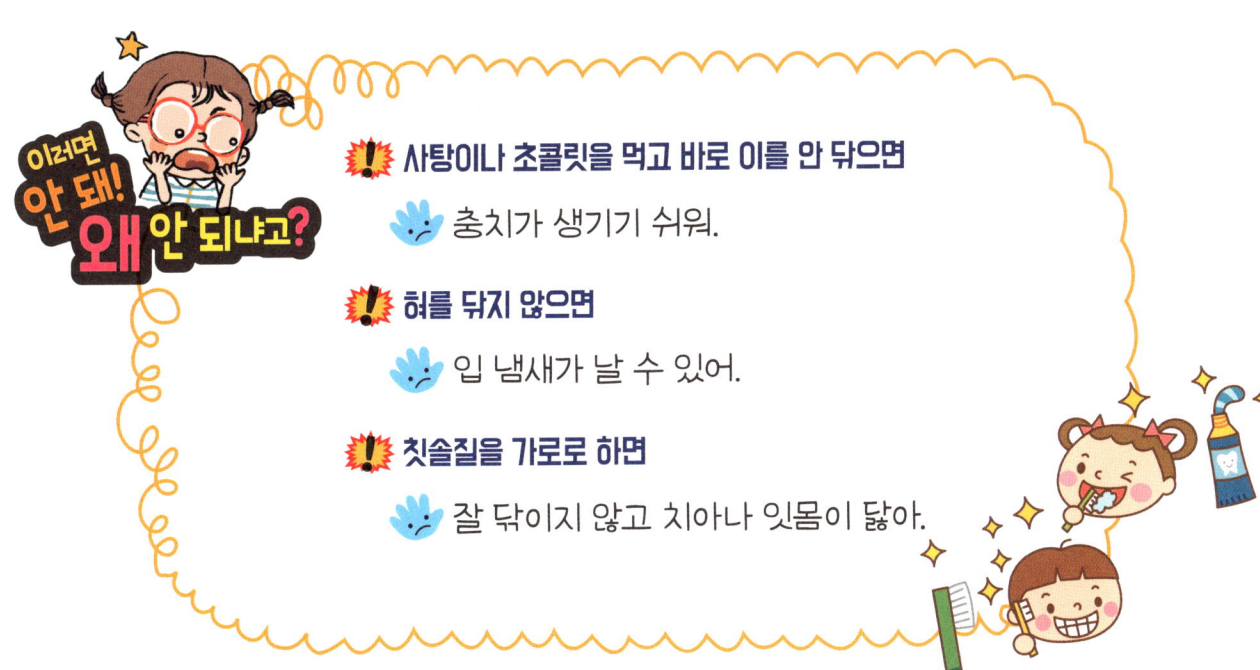

이러면 안 돼! 왜 안 되냐고?

⚠ **사탕이나 초콜릿을 먹고 바로 이를 안 닦으면**
　충치가 생기기 쉬워.

⚠ **혀를 닦지 않으면**
　입 냄새가 날 수 있어.

⚠ **칫솔질을 가로로 하면**
　잘 닦이지 않고 치아나 잇몸이 닳아.

❺ 마지막으로 물로 입안을 충분히 헹구면

❻

먹고 나서 30분 후에 양치질!

탄산음료, 주스, 식초가 들어간 음식을 먹었을 때는 먼저 입을 물로 헹구고, 30분 후에 양치질을 하는 게 좋아. 왜냐하면 이런 음식들을 먹고 바로 양치질을 하면 산성으로 변한 치아와 치약이 만나서 치아가 닳거나 떨어져 나갈 수 있거든.

1장 띵동, 아침이야!

마른 옷은 벗고 젖은 옷만 입는 것은?

학교에 갈 때는 활동하기에 편한 단정한 옷차림을 하는 것이 좋아. 예쁘고 화려한 옷을 입는 것보다 다른 사람들이 입는 옷을 따라 입는 것보다 나에게 어울리는 단정한 옷차림을 하는 것이 중요해.

단정한 옷차림

등교할 때
수업에 방해되지 않는 편안하고 단정한 옷을 입어.

체육 시간
운동하기 편한 체육복과 운동화를 신어야 해.

체험 학습 갈 때
활동하기 편한 옷과 편한 신발을 신는 게 좋아.

외출 후
옷의 먼지를 떨어낸 후 옷걸이에 걸고 더러워진 옷은 깨끗이 세탁해서 입어.

⚠️ **예쁘고 화려한 옷은**
  - 보기에 좋지만 활동하기에는 불편해.

⚠️ **요리 실습할 때 머릿수건을 쓰지 않으면**
  - 머리카락이 음식에 들어가 비위생적이야.

⚠️ **체험 학습을 갈 때 구두를 신으면**
  - 발이 아파 오래 걷기 힘들어.

옷 개는 방법

바지
① 반으로 접어 두 다리를 겹쳐.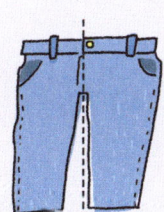
② 다시 반으로 접으면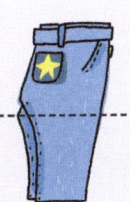
③ 완성!

셔츠
① 뒤쪽으로 돌려 점선에서 소매 부분을 접어.
② 반으로 접어서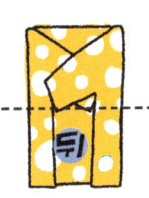
③ 앞으로 뒤집으면 완성!

치마
① 뒤쪽으로 돌려 점선에서 접어.
② 반으로 접어서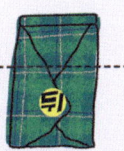
③ 앞으로 뒤집으면 완성!

1장 띵동. 아침이야!

수수께끼

실내화가 자신을 소개할 때 하는 말은?

안녕~ 우리는 ㅅ.ㄹ.ㅎ.ㄴ.ㄷ.

신발 학교
난 고무신이여.
난 꼬까신.

발에 신고 걷는 '신발'은 바닥이 미끄럽지 않은 것이 좋아. 그리고 끈이 있는 것보다 없는 것이 신고 벗는 데 편리하지. 신발을 구겨 신으면 발을 디디거나 뛸 수 있게 하는 아킬레스건에 무리가 가고, 신발 모양이 금세 망가질 수 있으니까 신발은 구겨 신지 않는 게 좋겠지?

수수께끼 정답: 슬리퍼랍니다.

리본 매듭으로 신발 끈 묶는 방법

❶ 신발 끈을 X자 모양으로 만들어.

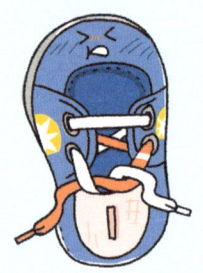

❷ 한쪽 끈을 다른 쪽 끈 안으로 쏙 집어넣어 잡아당기면 끈이 묶여.

❸ 두 끈을 모두 토끼 귀 모양으로 만들고

이러면 안 돼! 왜 안 되냐고?

⚠️ **신발 바닥이 미끄러우면**
　　🖐️ 미끄러져서 다칠 수 있어.

⚠️ **신발 끈이 풀리면**
　　🖐️ 끈을 밟고 넘어질 수 있어.

⚠️ **신발의 왼쪽, 오른쪽을 반대로 신으면**
　　🖐️ 발이 불편해서 쉽게 피로해져.

왼쪽 신발 / **오른쪽 신발**

신발의 왼쪽, 오른쪽 구별하는 방법

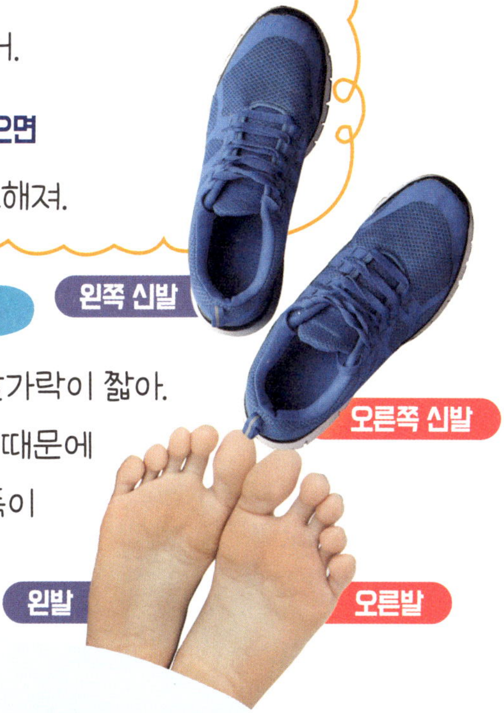

우리의 발 모양을 잘 살펴봐. 엄지발가락이 길고 새끼발가락이 짧아. 그래서 엄지발가락이 있는 안쪽이 길고, 바깥쪽이 짧기 때문에 신발 모양도 왼쪽 신발은 오른쪽이, 오른쪽 신발은 왼쪽이 더 길게 디자인되어 있어.

왼발 / **오른발**

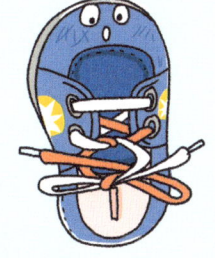

❹ 한쪽의 토끼 귀를 다른 쪽 안으로 쏙 집어넣어.

❺ 양손으로 토끼 귀 모양을 힘껏 잡아당기면 리본 매듭 완성!

❻ 반대쪽 신발도 똑같이 하면 돼.

1장 띵동, 아침이야!

세균 중에서 가장 계급이 높은 세균은?

와! 계급 높은 ㄷ.ㅈ.ㄱ.

정답: 왕균(king)

'마스크'는 병균이나 먼지가 호흡기로 들어오는 것을 막기 위해 코와 입을 가리는 물건이야. 특히 감기에 걸렸을 때는 마스크를 써야 하지. 그 이유는 기침과 재채기를 할 때 몸 밖으로 나온 바이러스가 공기 중을 떠돌다가 다른 사람에게 전염될 수 있기 때문이야. 나뿐만 아니라 다른 사람의 건강을 위해 꼭 마스크를 써야 해.

일회용 마스크 쓰는 방법

1. 마스크를 만지기 전에 손을 깨끗이 씻어.
2. 코 지지대를 위로 하고 얼굴에 맞게 아래위로 당겨 편 뒤
3. 양쪽 끈을 귀에 걸어 코와 입을 완전히 가리면 돼.
4. 손가락으로 코 지지대를 눌러
5. 코 모양대로 마스크를 밀착시켜 공기가 새지 않게 하면 끝!

일회용 마스크 안과 밖 구분하기

바깥면 : 코 지지대를 기준으로 주름이 아래쪽.
안쪽면 : 코 지지대를 기준으로 주름이 위쪽.

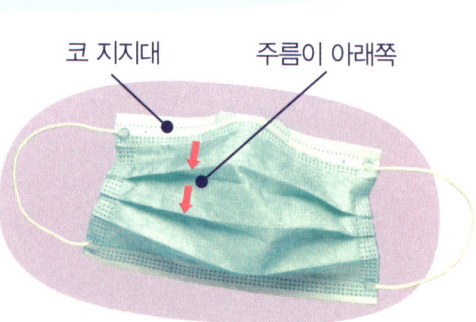

코 지지대   주름이 아래쪽

22

> ⚠️ **일회용 마스크를 세탁해서 쓰면**
> 🖐️ 마스크 안에 있던 필터가 손상되어 바이러스를 제대로 차단하지 못해.
>
> ⚠️ **마스크 안쪽이 오염된 마스크를 쓰면**
> 🖐️ 오염 부위에 세균이 번식할 수 있어.
>
> ⚠️ **마스크를 턱에 걸쳤다 다시 쓰면**
> 🖐️ 턱에 묻어 있던 세균이 마스크 안쪽을 오염시켜.

손 닦는 방법

비눗물을 문질 문질

❶ 손바닥과 손바닥을 마주 대고 문지른 다음

손끝으로 꼬물꼬물

❷ 손가락을 마주 잡고 문질러.

손등을 스슥 스슥

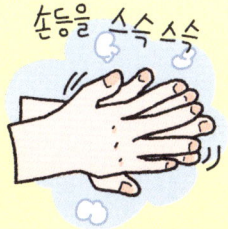

❸ 손등과 손바닥을 마주 대고 비비고

엄지로, 뿌득 뿌득

❹ 엄지손가락을 다른편 손바닥으로 돌려 주면서 문질러.

손깍지 거품을 뽕뽕

❺ 손바닥을 마주 대고 손깍지를 끼고 문질러.

손바닥을 바 박박박

❻ 손가락을 반대편 손바닥에 놓고 문지르며 손톱 밑을 깨끗하게 해.

2장
띵동, 학교에 가자!

학교에 갈 때 안전 수칙을 꼭 지켜야 해!

다들 "차 조심해!"라는 말을 귀가 따갑게 듣지?
학교에 갈 때면 횡단보도를 건너기도 하고,
공사장도 지나치고, 통학 버스를 타기도 해.
이럴 때 안전 수칙을 잘 지키면 아무 문제가 없어.
학교에 도착해서 교실에 들어가면
선생님과 친구들을 만나잖아.
이때 서로 예절을 지키면
기분 좋은 하루를 보낼 수 있어.
혹시 안전 수칙도 무시하고,
선생님께 버릇없이 굴고,
친구들이 싫어하는 행동을 하는
친구가 있는 건 아니겠지?

친구 사이 예절

횡단보도
안전하게 건너기

안전한
등교!

휴대 전화 사용 예절

주변 정리하기

책상 바르게 쓰기

때와 장소에 맞는 인사 예절

비 올 때 우산 펴고 접기

통학 버스 안전 수칙

✓ 체크. 혼자서 할 수 있어!

- 나는 횡단보도를 건널 때 좌우를 살펴.
- 나는 차를 타고 내릴 때 차가 오나 확인해.
- 나는 우산을 펴고 접을 수 있어.
- 나는 선생님께 예의 바르게 인사해.
- 나는 친구들과 사이좋게 지내.

5개	😊 참 잘했어!
3~4개	😐 조금만 더 노력해 봐!
1~2개	😟 많이 노력하자!

2장 띵동, 학교에 가자!

수수께끼

눈은 셋이고 다리는 하나인데 거리에 서 있는 것은?

'신호등'은 교통 신호를 알리기 위해
도로에 켜는 등이야.
'횡단보도'는 사람이 차도로 건너가는 길이지.
학교 주변은 어린이 보호 구역으로
빨간불, 초록불 두 가지 색만 있는
2색 신호등이 있는데, 횡단보도에서는
꼭 초록불일 때에만 길을 건너야 해.
횡단보도는 어린이 교통사고가
가장 많이 나는 곳이니까
항상 안전 수칙을 지키기로 약속해!

횡단보도 안전하게 건너는 방법

❶ 횡단보도에서는 우선 멈춰!

❷ 신호등에 초록불이 켜지기를 기다렸다가

❸ 차가 멈춰 섰는지 왼쪽 오른쪽을 살핀 다음

❹ 멈춰 선 차의 운전자를 보며 손을 높이 들어.

❺ 손을 들고 차를 보며 횡단보도로 건너면 돼.

⚠️ **초록불이 깜빡일 때 건너면**
🖐️ 사고가 날 수 있으니 다음 신호를 기다려.

⚠️ **휴대 전화를 보거나 이어폰을 끼고 건너면**
🖐️ 바로 옆에 차가 와도 위험을 느끼지 못해서 사고가 날 수 있어.

⚠️ **손을 들고 건너지 않으면**
🖐️ 키가 작아서 운전자가 잘 볼 수 없어.

※ **2색 신호등** : 보행자 신호등이야.

- 빨강 – 보행자는 멈추시오.
- 초록 – 보행자는 건너시오.

※ **3색 신호등** : 운전자 신호등이지.

- 빨강 – 운전자는 멈추시오.
- 노랑 – 곧 정지 신호가 됩니다.
- 초록 – 운전자는 가시오.

2장 띵동, 학교에 가자!

수수께끼
노인이 버스에 타도 자리 양보를 안 하는 사람은?

수수께끼 정답: 버스 기사

'버스'는 한꺼번에 많은 사람을 실어 나르는 큰 자동차야. 특히 '통학 버스'는 유치원, 학교, 학원 등을 오고 갈 때 타는 버스인데, 주로 노란색이지. 통학 버스는 차가 커서 운전자가 보지 못하는 사각지대가 많아. 아이들이 멈춰 서 있는 통학 버스 주변에서 놀다가 사고가 나는 것도 그 때문이야. 절대 차 주변에서 놀면 안 돼!

통학 버스 안전하게 타는 방법

1. 차례를 지켜서 버스에 타고 내려야 해.
2. 자리에 앉으면 바로 안전띠를 매고 내릴 때까지 풀면 안 돼.
3. 자리에서 일어서서 놀거나 자리를 옮기면 절대 안 돼.
4. 창문을 열고 손이나 머리를 밖으로 내밀면 위험해.
5. 차 안에서는 시끄럽게 떠들면 안 되고
6. 쓰레기는 바닥에 버리지 말고 잘 챙겨서 가져가.
7. 오토바이나 자전거 등이 오는지 잘 살핀 다음 내려.
8. 옷자락이나 가방끈이 차 문에 끼이지 않도록 조심해.

이러면 안 돼! 왜 안 되냐고?

⚠️ **안전띠를 매지 않으면**
  🖐 차가 갑자기 멈췄을 때 차 밖으로 튕겨 나갈 수 있어.

⚠️ **옷자락이나 가방끈이 차 문에 끼이면**
  🖐 버스에 매달리게 되어 끌려가서 크게 다쳐.

⚠️ **버스 근처에서 놀면**
  🖐 운전자가 못 보고 출발해서 차에 치일 수 있어.

✱ 등교할 때보다는 하교할 때 사고가 많이 일어난다고 하니까 하교 때 특히 조심해!

안전띠 매는 방법

① 안전띠를 길게 잡아당겨.
② 딸깍 소리가 날 때까지 걸쇠를 밀어 넣어.
③ 안전띠가 꼬이지 않고 평평한지 확인해.

2장 띵동, 학교에 가자!

수수께끼: 산은 산인데 못 오르는 산은?

비가 올 때 머리를 받쳐 비를 가리는 물건을 '우산'이라고 해. 어린아이가 쓰는 우산은 시야가 확보되어 앞이 잘 보이는 투명 우산이 좋아. 비 오는 날은 운전자가 잘 볼 수 있도록 밝은 색의 옷을 입는 게 좋지.

정답: 우산(못 오르는 산)

우산 펴고 접는 방법

학교에 갈 때
1. 우산 끝에 있는 안전 캡이 깨져 있는지 확인하고
2. 실내가 아닌 바깥에서 펼쳐야 해.
3. 우산을 쓰고 걸을 때는 똑바로 들고 앞을 보며 걷기!

교실에 들어갈 때

1. 현관 주변에 사람이 있다면 우산을 털면 안 돼.
2. 교실에 들어갈 때는 우산을 고정 끈으로 묶고
3. 교실에 있는 우산꽂이에 우산을 꽂아.

집에 갈 때
1. 내 우산을 내가 챙기는 건 기본!
2. 긴 우산은 지팡이처럼 세워서 들고 가.

이러면 안 돼! 왜 안 되냐고?

⚠️ **우산으로 장난을 치면**
- 친구가 다칠 수 있어.

⚠️ **주변에 사람이 있을 때 우산을 털면**
- 옆 사람에게 물방울이 튀어 불쾌하고 피해를 줄 수 있어.

⚠️ **긴 우산을 가로로 들면**
- 앞이나 뒤에 있는 사람을 찌를 수 있어.

접이식 자동 우산 사용 방법

① 고정 끈을 풀고
② 접힌 부분을 살짝 흔들어 풀어 준 다음 
③ 손잡이에 있는 버튼을 누르면 우산이 펴져. 
④ 다시 버튼을 누르면 우산이 접히고
⑤ 우산 양끝을 잡고 끝까지 밀어 접은 다음 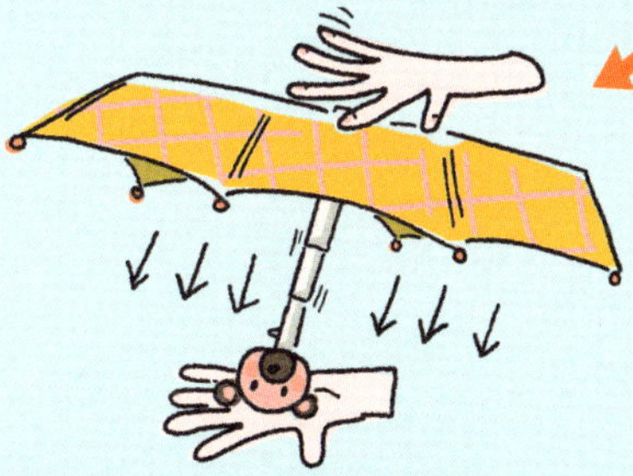
⑥ 천을 가지런하게 정리하고 
⑦ 고정 끈으로 묶으면 끝!

2장 띵동, 학교에 가자!

수수께끼 — 인사하면서 웃으면?

Hi~ 안녕~
너의 이름은? 흥.o.킥.
킥!
꾸벅

수수께끼 정답: 웃음인사

'인사'는 사람들 사이에 지켜야 할 예의야.
똑같은 인사라도 상대방이나
때와 장소에 따라 다르게 해야 해.
그렇지 않으면 예의를 지키려고 한 인사가
도리어 예의에 어긋난
행동이 될 수 있거든.

때와 장소에 맞는 인사 예절

등하교 때

"안녕하세요." ← 만날 때
"안녕히 계세요." ← 헤어질 때
인사말과 함께 허리를 굽혀 인사해.

안녕하세요.

복도에서

고개를 숙여 공손히 인사를 하고, 두 번 이상
마주쳤을 때는 가볍게 고개만 숙여 인사해도 돼.

화장실에서

인사말은 하지 않고, 눈이 마주치면
가볍게 고개만 숙여 인사하면 돼.

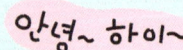

안녕, 헬로~
안녕~ 하이~

이러면 안 돼! 왜 안 되냐고?

❗ **선생님을 만났을 때 인사를 안 하면**
  예의 없는 아이로 오해받을 수 있어.

❗ **공연장에서 큰 소리로 인사하면**
  주위 사람들에게 방해가 돼.

❗ **수업 중에 손님이 교실에 들어오면**
  큰 소리로 인사하지 않아도 돼.

공연장에서
소리를 내지 않고 눈짓만 주고받다가 공연을 마친 다음 만나서 인사해.

인사를 잘하면

✳ 하는 사람의 마음이 흐뭇해져.

✳ 받는 사람의 기분도 좋아지지.

✳ 사람들끼리 빨리 친해져.

✳ 예의 바르다고 칭찬받을 수 있어.

2장 띵동, 학교에 가자!

수수께끼
문은 문인데 떠돌아다니는 문은?

정답: 소문(쑥쑥깨때)

오래도록 친하게 사귀어 온 사람을 '친구'라고 해. 학교에 가면 친구들과 많은 시간을 보내게 되는데, 친구 사이에도 지켜야 할 예절이 있어. 가깝다고 함부로 대하거나, 예절을 지키지 않으면 서로 상처를 주게 되고 멀어질 수 있으니 조심해.

친구 사이의 예절

① 친구의 물건을 빌릴 때 꼭 허락을 받고 빌려야 해.
➡ 빌린 물건은 꼭 돌려주기!

② 듣기 싫어하는 별명을 부르며 놀리면 안 돼.

③ "쟤랑 놀지 마!"라고 하면 안 돼.

이러면 안 돼! 왜 안 되냐고?

⚠️ **친구가 듣기 싫어하는 별명을 부르면**
🖐 싸움이 날 뿐 아니라, 그 친구에게 상처를 줄 수 있어.

⚠️ **친구의 비밀을 다른 사람에게 말하면**
🖐 약속을 안 지키는 사람과 친구가 될 수 있을까?

⚠️ **기분 나쁘게 친구의 몸을 툭툭 치는 장난은**
🖐 괴롭힘이고 폭력이야.

④ 친구가 비밀로 얘기한 것은 지켜 줘야 해.

⑤ 친구의 실수와 단점을 소문내면 안 돼.

⑥ 몸을 툭툭 치고는 장난이라고 하면 안 돼.

좋은 친구를 원하면

✳ 내가 먼저 좋은 친구가 되어야 해.
➡ 좋은 친구 관계를 오래 유지하기 위해서는 서로에 대한 예절을 지켜야 하지.

✳ 싸웠을 때는 친구의 입장에서 생각해 보고 빨리 화해하는 게 좋아.

2장 띵동, 학교에 가자!

세상에서 가장 무서운 전화는?

'무선 전화'는 전화선이 없는 전화기를 말하는데, 휴대 전화도 무선 전화에 속해. '휴대 전화'는 개인이 가지고 다니면서 어디에서나 통화할 수 있는 무선 전화기야. 하지만 교실에서 아무때나 사용하는 것은 같이 있는 친구들의 학습이나 선생님의 수업에 방해가 돼. 휴대 전화를 쓸 때는 상대방의 모습이 보이지 않기 때문에 잘못 말하면 실례가 될 수 있고, 상대방의 기분을 상하게 할 수 있으니까 예절을 지켜 사용해야 해.

휴대 전화 사용 예절

❶ 휴대 전화는 되도록 학교에 가져오지 않는 것이 좋아.

❷ 부득이 가져온 사람은 등교했을 때 선생님께 제출했다가 하교할 때 받아 가면 돼.

❸ 부모님과 급히 연락할 일이 있을 때는 반드시 선생님께 허락을 받아야 해.

❹ 주인 허락 없이 남의 휴대 전화에 손대면 안 돼.

36

이러면 안 돼! 왜 안 되냐고?

⚠️ **허락도 없이 사진을 찍으면**
　🖐️ 초상권 침해야.

⚠️ **친구에게 문자를 보낼 때 욕설을 쓰면**
　🖐️ 친구가 마음의 상처를 받는 언어폭력이야.

⚠️ **전화를 잘못 걸었을 때**
　🖐️ 그대로 끊지 말고 꼭 죄송하다는 말을 해야 해.

선생님이 안 계실 때 교실로 전화가 오면

✱ "안녕하세요, 저는 ○학년 ○반 학생 누구입니다. 선생님이 지금 안 계신데 뭐라고 전해 드릴까요?"

✱ 중요한 내용을 메모해서 선생님께 전해 드려.

2장 띵동, 학교에 가자!

수수께끼 책은 책인데 글자가 하나도 없는 책은?

어지럽게 널려 있는 것들을 한데 모으는 것을 '정리'라고 해. 친구들과 함께 쓰는 교실은 공부방과 달라서 내가 차지할 수 있는 공간은 책상 하나 크기야. 그래서 주변을 정리하지 않으면 다른 친구들에게 피해를 줄 수 있어.

주변 정리하는 방법

① 아침에 등교하면 오늘 배울 교과서와 공책은 책상 아래 서랍에 넣어.

② 책가방은 책상 옆에 있는 고리에 걸고

③ 입고 온 겉옷은 의자 뒤에 묶어 움직이지 않게 해.

④ 쉬는 시간마다 내 주변 쓰레기는 주워서 쓰레기통에 버리고

⑤ 개인 사물함에서 필요한 물건을 꺼내 쓰기 좋게 정리해.

⑥ 이동 수업을 하러 갈 때는 책상과 의자를 정리하고

⑦ 수업이 끝나면 책상 위도 깨끗하게 정리하기!

⚠ 정리를 하지 않으면
- 필요한 물건을 찾기 힘들어.

⚠ 겉옷이나 책가방을 바닥 아무 데나 두면
- 친구가 밟거나, 가방에 걸려 넘어질 수 있어.

⚠ 책상 위에 물건이 많으면
- 책상이 어지러워 사용하기도 불편하고, 물건이 떨어져 망가지거나 잃어버릴 수도 있어.

집에 갈 때 잊지 말아야 할 정리

✶ 책상, 바닥에 있는 자기 물건 정리하기

✶ 집에서 가져왔던 우산, 준비물 챙기기

✶ 금요일에는 실내화 가방 챙겨 가기

✶ 책상 위가 깨끗한지 확인하기

2장 띵동, 학교에 가자!

수수께끼

다리가 네 개인데 걷지 못하는 것은?

정답: 책상이지~

주로 글을 쓸 때 이용하는 상을 '책상'이라고 해. 학교에서 쓰는 책상은 집에서 공부하는 책상보다 훨씬 작아. 크기가 가로 65센티미터, 세로 45센티미터밖에 안 되거든. 이 크기는 책과 공책만 놓아도 꽉 차. 그래서 필통은 작은 것이 좋고, 떨어져도 소리가 안 나는 것이 좋아.

책상 사용 방법

책상 위

① 책은 왼쪽에, 공책은 오른쪽에.
➡ 왼손으로 글씨를 쓰는 친구는 반대로 하면 돼.

② 필통을 놓아야 한다면 책상의 위쪽에 두는 것이 좋아.

책상 안

① 교과서는 시간표 순서대로 왼쪽에 두는 것이 쓰기 편해.
➡ 국어가 첫째 시간이면 맨 위에, 그다음 차례대로 넣어 둬.

② 공책이나 종합장은 오른쪽에 두고

③ 필통은 가운데에 두는 게 편리해.

이러면 안 돼! 왜 안 되냐고?

⚠️ **교과서를 쌓아 두고 글을 쓰면**
🖐 몸이 불편하고, 바른 글씨를 쓸 수 없어.

⚠️ **필통이 너무 크면**
🖐 작은 책상의 공간을 너무 많이 차지해.

⚠️ **글씨를 쓰는 팔 옆에 필통을 두면**
🖐 팔에 부딪쳐 필통이 자꾸 바닥으로 떨어져.

필통 속 정리 방법

✱ 연필 세 자루, 지우개 한 개, 15센티미터 자, 네임 펜.
➡ 연필은 세 자루면 학교에서 하루 종일 쓰기에 충분해.

✱ 연필 캡을 씌우면 연필심이 부러지지 않아.

✱ 바닥에 떨어져도 소리가 나지 않는 천으로 된 필통이 좋아.

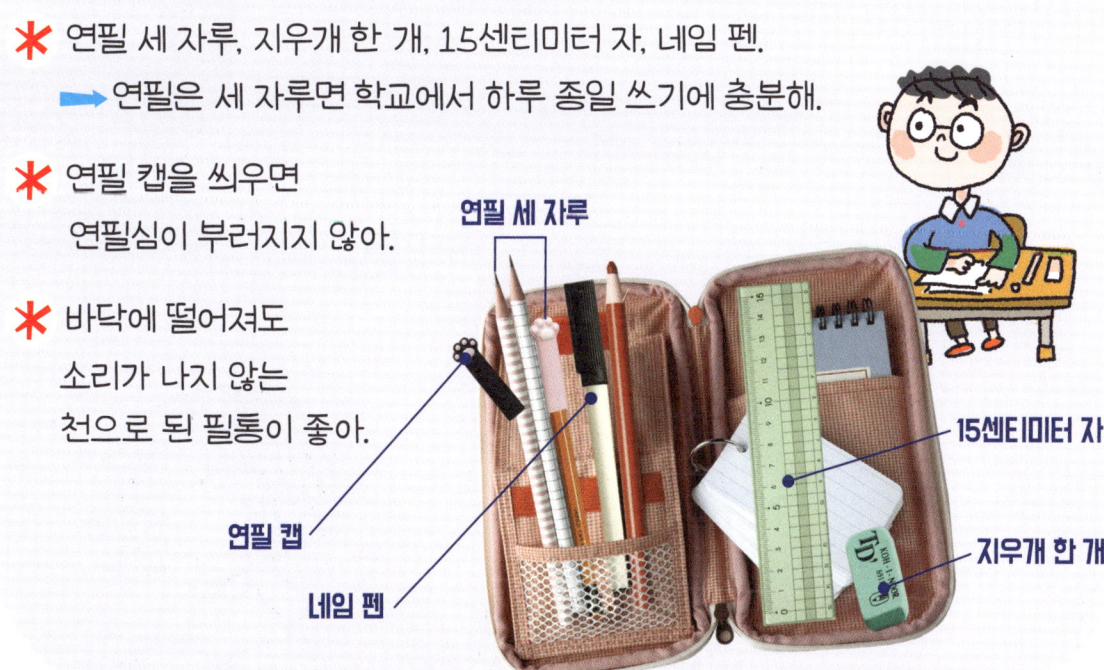

연필 세 자루, 연필 캡, 네임 펜, 15센티미터 자, 지우개 한 개

3장
띵동, 공부 시간!

공부 시간은 너무 길어!

"선생님, 아직 종 치려면 멀었어요?"
하고 물어보는 친구들이 많아.
40분 동안 앉아서 공부하려니 좀이 쑤시지?
하지만 처음만 힘들지,
자꾸 습관을 들이면 익숙해질 거야.
혹시 공부 시간에 딴짓하면서
수업을 방해하는 친구가 있니?
그런 행동은 다른 친구들이 공부하는 걸
방해하는 무례한 행동이야.
'학생'은 '배우는 사람'이라는 걸 명심해!

가위 안전하게 사용하기

바른 자세로 앉기

학생은 배우는 사람!

칼 안전하게 사용하기

풀 사용하기

리듬 악기 연주하기

사인펜, 색연필 사용하기

지우개 사용하기

연필 바르게 잡기

✔ 체크. 혼자서 할 수 있어!

○ 나는 바른 자세로 앉아 선생님 설명을 들어.
○ 나는 연필을 바르게 잡을 수 있어.
○ 나는 위험한 물건은 안 가져와.
○ 나는 쓰임에 따른 학용품 사용 방법을 알아.
○ 나는 리듬 악기를 연주할 수 있어.

5개 😊 참 잘했어!
3~4개 😐 조금만 더 노력해 봐!
1~2개 😣 많이 노력하자!

3장 띵똥, 공부 시간!

수수께끼
궁둥이 밑에 네 다리가 붙어 있는 것은?

안녕~ 난 ◎.ㅈ.야.

멍... 궁둥이?

정답: 의자

어떤 일을 하는 몸의 모양이나 태도를 '자세'라고 해.
하루 종일 의자에 앉아 공부하는 학생에게
'바른 자세'는 특히 중요해.
바른 자세로 앉지 않으면,
등이 굽거나 어깨가 한쪽으로 기울어
건강을 해칠 수 있으니까.
키도 쑥쑥 잘 자라고, 건강해지고 싶다면
바른 자세로 앉는 습관을 들여야 해.

의자에 바르게 앉는 법

❶ 고개를 너무 많이 숙이면 안 되고

❷ 책과 눈의 거리가 너무 가까워서도 안 돼.

❸ 글씨를 쓰지 않는 손으로 공책을 가볍게 누르고

❹ 엉덩이를 의자 뒤쪽에 붙인 다음, 다리는 가지런히 모아.

❺ 허리를 곧게 펴서 앉으면 바른 자세 완성!

책과 눈의 거리를 가깝지 않게.

글씨를 쓰지 않는 손은 공책 위에.

다리는 가지런히.

허리를 곧게.

- ❗ **허리를 곧게 펴지 않으면**
  - 🖐 등이 구부정해져.

- ❗ **고개를 너무 많이 숙이면**
  - 🖐 머리가 거북이처럼 앞으로 나오는 거북목이 될 수 있어.

- ❗ **글씨를 쓸 때 바른 자세로 앉지 않으면**
  - 🖐 몸이 불편하고, 바른 글씨를 쓸 수 없어.

바른 글씨체를 배우는 데는 연필이 최고!

바른 글씨체를 배우는 데 가장 좋은 필기도구는 연필이야.
샤프펜슬이나 볼펜을 쓰고 싶다고?
하지만 샤프펜슬은 심이 쉽게 부러지고, 볼펜은 글씨가 틀렸을 때 지우기가 힘들어.

3장 띵동, 공부 시간!

수수께끼 깎으면 깎을수록 커지는 것은?

깎을수록 검정 돌이 커지고 있어!

손오공, 더 깎아라!

O.프.스.

'연필'은 나무속에 심을 넣어 만든 필기도구야. 연필심은 흑연과 점토를 섞어 만드는데, 흑연을 얼마나 섞었느냐에 따라 진하거나 흐리지. 연필은 바르게 잡는 것이 가장 중요해. 바르게 잡지 않으면 글씨가 엉망이 되고, 결국은 글씨 쓰는 걸 싫어하게 되거든.

정답: 연필(연필심)

연필 바르게 잡는 법

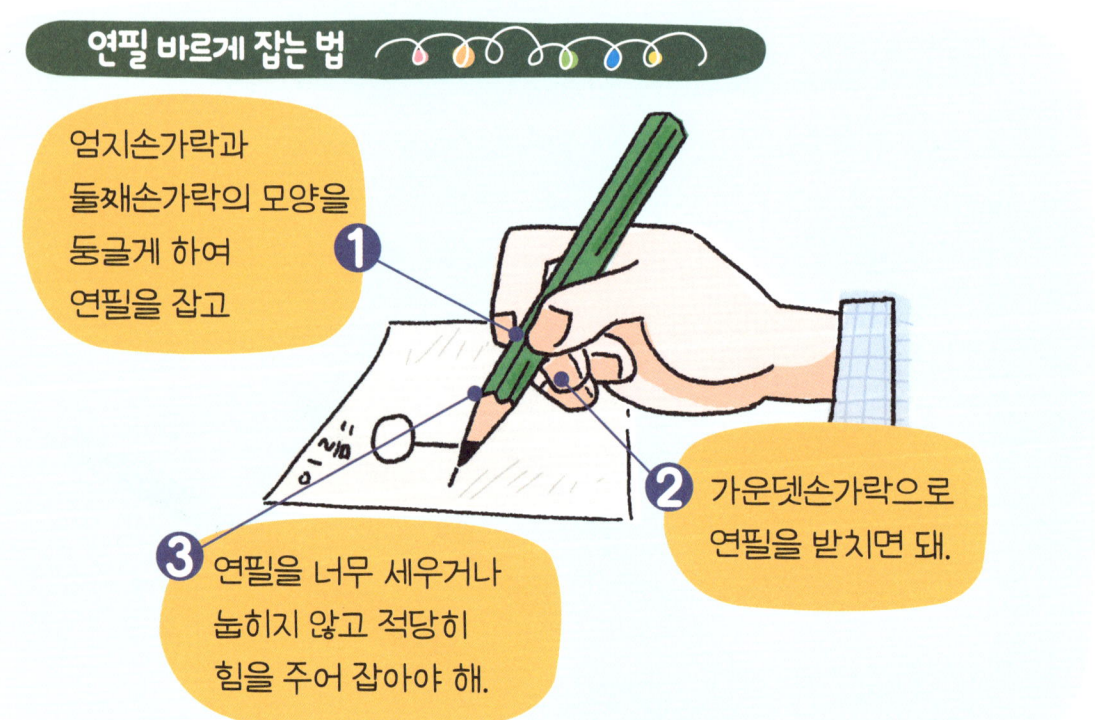

① 엄지손가락과 둘째손가락의 모양을 둥글게 하여 연필을 잡고

② 가운뎃손가락으로 연필을 받치면 돼.

③ 연필을 너무 세우거나 눕히지 않고 적당히 힘을 주어 잡아야 해.

이러면 안 돼! 왜 안 되냐고?

⚠ **연필을 너무 힘주어 잡으면**
  🖐 금세 손가락이 아파.

⚠ **연필을 너무 감싸 쥐면**
  🖐 글씨가 삐뚤빼뚤해져.

⚠ **연필심에 너무 가깝게 잡으면**
  🖐 글씨 크기가 작아져.

글을 쓰기에 적당한 HB연필

※ 연필심이 연한 4H와 같은 연필은 손에 힘을 너무 주게 되어 연필심이 잘 부러져.

※ 연필심이 진한 4B와 같은 연필은 손에 힘을 덜 주게 되어 손의 근육이 발달하지 못해.

➡ 아직 손 근육이 덜 발달돼 쥐는 힘이 부족한 초등학교 1학년은 연필심이 진하고 무른 B나 2B연필이 좋아. 쥐는 힘이 생기면 HB 연필로 쓰기!

3장 띵똥, 공부 시간!

수수께끼
일을 하면 할수록 키가 작아지는 것은?

청소 요정 ㅈ.ㅇ.ㄱ. 왜 이렇게 작아졌어?

열심히 일했지!

수수께끼 정답: 지우개

'지우개'는 글씨를 지우는 데 쓰는 물건이야.
연필이나 샤프 끝에 달려 있는 작은 지우개는 합성 고무로 만들어져 잘 지워지지 않아.
모양이 예쁜 지우개보다 덜 예쁘더라도 잘 지워지는 지우개를 선택하는 게 좋겠지?

지우개 사용 방법

❶ 지우개로 틀린 글씨를 지우고

❷ 지우개 가루는 모아 뒀다 버려.

❸ 지우개를 다 쓰면 필통에 넣기!

> ⚠️ **지우개 넣어 두는 곳을 정해 놓지 않으면**
> 🖐️ 잘 잃어버려.
>
> ⚠️ **지우개를 잘라서 던지면**
> 🖐️ 지우개 조각을 맞은 친구는 기분이 나빠.
>
> ⚠️ **지우개 가루를 치우지 않으면**
> 🖐️ 책상 위나 주변이 지저분해져.

수정 테이프 사용 방법

수정 테이프는 볼펜으로 쓴 글씨를 지우는 데 쓰는 물건이야.

① 수정 테이프를 틀린 글씨 위에 대고 가볍게 누르면서 그으면 돼.

② 멈출 때는 가볍게 누르면서 끊듯이 떼.

③ OMR 카드를 사용할 때 쓰는 물건이니까 쓰는 방법을 익혀 두는 게 좋아.

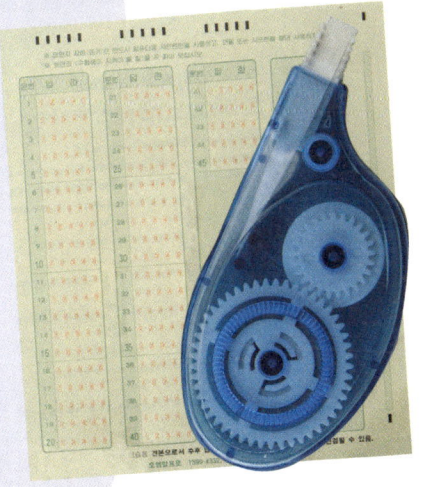

3장 띵동, 공부 시간!

수수께끼
글씨를 쓸 줄 아는데 읽을 줄은 모르는 것은?

'사인펜'은 빛깔이 있는 수성 잉크를 넣어 만든 펜으로 색이 있는 글씨를 쓸 때 사용하는 필기도구야. '색연필'은 빛깔이 있는 심을 넣어 만든 연필로 색이 있는 그림을 그릴 때 사용하는 미술 도구지. 사인펜과 색연필은 지우개로 지워지지 않으니까 색을 고를 때 잘 결정해야 해.

수수께끼 정답: 사인펜, 색연필

사인펜, 색연필 사용 방법

사인펜

1. 원하는 색깔을 고른 뒤
2. 뚜껑을 열어 뒤쪽에다 꽂고
3. 글씨를 쓰면 돼.
4. 다 쓴 뒤에는 뚜껑을 닫고 제자리에 넣기!

색연필

1. 원하는 색을 고른 뒤
2. 밑부분을 돌려 심의 길이를 적당하게 조절해서
3. 색칠하면 돼.
4. 다 쓴 뒤에는 밑부분을 반대로 돌려 심을 넣고 제자리에 넣기!

- **사인펜의 뚜껑을 열어 두면**
  - 말라서 못쓰게 돼.

- **색연필 심의 길이가 너무 길면**
  - 심이 부러져 오래 못 쓰게 돼.

- **다 쓴 뒤에 제자리에 넣어 두지 않으면**
  - 그 색깔만 없어서 다시 사야 할 수도 있어.

12색이면 충분해!

학교에서 쓰는 데에는 12색으로도 충분해.
24색이나 그것보다 더 많은 색상의 사인펜이나 색연필은
오히려 크기가 커서 책상을 많이 차지해 쓸 때 불편하고,
보관하기도 힘들어.

3장 띵동, 공부 시간!

수수께끼
가위는 가위인데 자를 수 없는 가위는?

ㅎ.ㄱ.ㅇ.떡 먹어 볼래?

쿵덕 쿵덕

떡?
달 속에 큰 가위가?

'가위'는 옷감, 종이 등을 자르거나 오리는 데 쓰는 기구야. 날이 쇠붙이로 되어 있기 때문에 잘못 다루면 다칠 수 있지. 그래서 플라스틱으로 감싼 안전 가위를 쓰는 게 좋아. 셀로판테이프를 자르면 가위가 더러워지는데 휴지에 아세톤을 묻혀 닦아 내면 돼.

정답: 방아깨비

가위 안전하게 사용하는 방법

종이를 자를 때

① 종이의 끝을 잡고

② 가위 날을 벌려서 천천히 끝까지 자르면 돼.

③ 자를 때는 꼭 안쪽에서 바깥쪽으로 잘라야 해.

조심조심!
싹둑 싹둑

친구에게 건넬 때

① 가위의 날 부분은 내 쪽,

② 가위의 손잡이 부분은 친구 쪽을 향한 채 건네야 해.

조심히 사용해.
고마워.

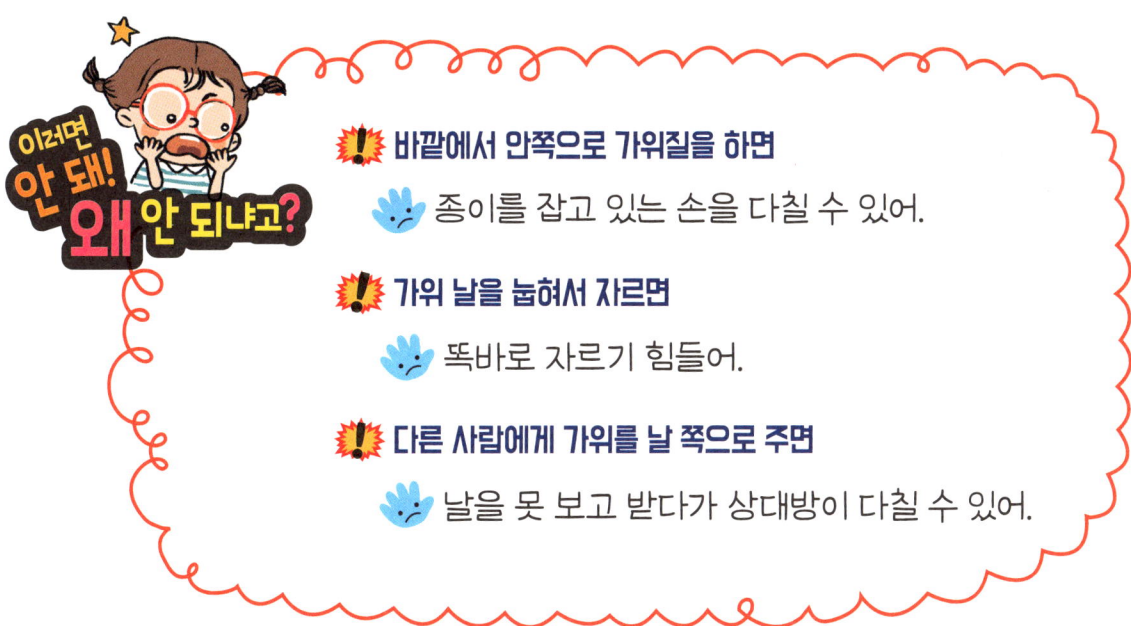

- 바깥에서 안쪽으로 가위질을 하면
  - 종이를 잡고 있는 손을 다칠 수 있어.
- 가위 날을 눕혀서 자르면
  - 똑바로 자르기 힘들어.
- 다른 사람에게 가위를 날 쪽으로 주면
  - 날을 못 보고 받다가 상대방이 다칠 수 있어.

가위의 종류

* **핑킹가위** : 지그재그 모양을 내며 자를 수 있어.

* **쪽가위** : 실을 자를 때 써.

* **숱가위** : 머리숱을 치는 데 써. 가윗날이 톱니 모양으로 되어 있어.

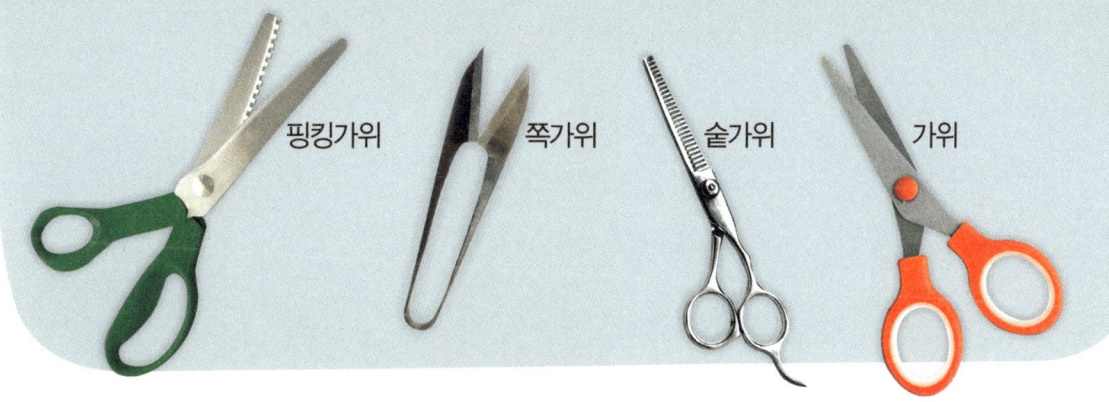

핑킹가위   쪽가위   숱가위   가위

3장 띵동, 공부 시간!

수수께끼
칼은 칼인데 자르는 데 사용할 수 없는 칼은?

'커터 칼'은 종이를 자를 때 쓰는 칼로, 칼날을 잘라 내는 방식으로 계속 쓸 수 있도록 만든 거야. 칼날이 무디어져 떼어 낼 땐 뒷부분에 있는 자르개로 한 칸을 떼어 내서 써. 이건 위험하니까 꼭 어른들께 부탁해야 해.

커터 칼 안전하게 사용하는 방법

① 책상에 흠집이 나니까 커팅 매트를 까는 게 좋아.

② 칼날은 한 칸이나 한 칸만 나오도록 밀어 올려.

③ 한쪽 손으로 종이를 꼭 잡고

④ 적당히 힘을 주어 위에서 아래로 자르면 돼.

⑤ 이때 종이를 잡은 손이 칼의 아래에 있으면 위험해.

⑥ 자를 이용할 때는 눈금이 없는 쪽으로 대는 게 좋아.

⑦ 커터 칼을 사용하고 나면 꼭 칼날을 집어넣기!

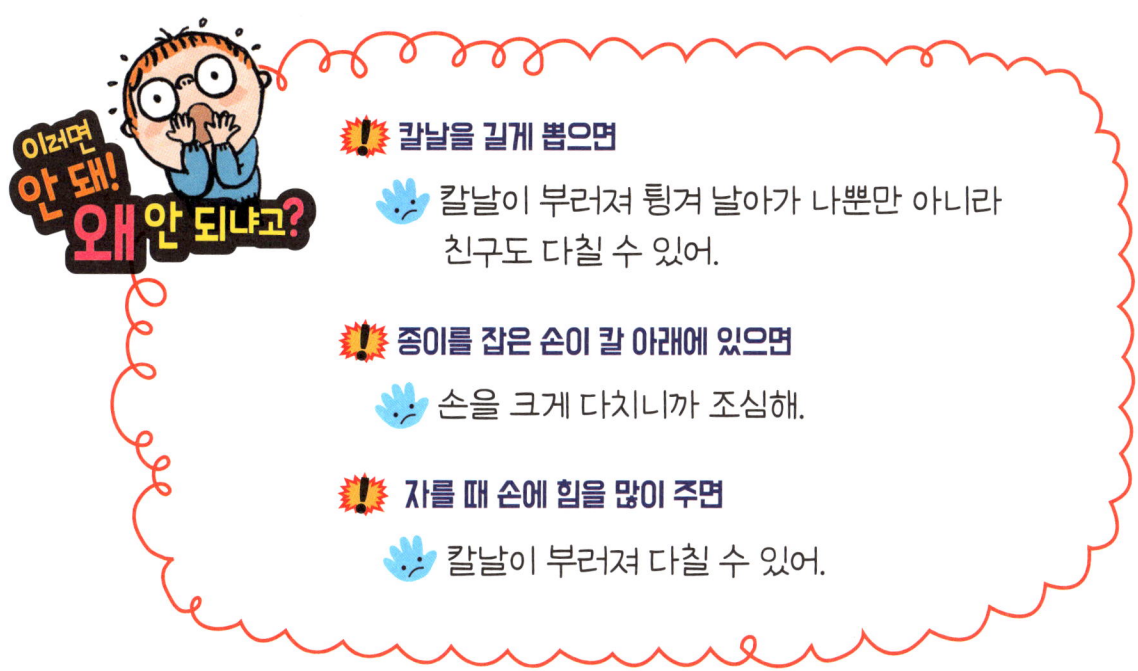

이러면 안 돼! 왜 안 되냐고?

⚠️ **칼날을 길게 뽑으면**
🖐️ 칼날이 부러져 튕겨 날아가 나쁜만 아니라 친구도 다칠 수 있어.

⚠️ **종이를 잡은 손이 칼 아래에 있으면**
🖐️ 손을 크게 다치니까 조심해.

⚠️ **자를 때 손에 힘을 많이 주면**
🖐️ 칼날이 부러져 다칠 수 있어.

부러진 칼날 버리는 방법

① 테이프에 붙여 돌돌 말아 감싸서 버려.

② 그냥 쓰레기통에 버리면 쓰레기봉투가 찢어지거나 쓰레기봉투를 관리하는 사람이 찔려서 다칠 수 있어.

✱ '커터 칼'은 위험한 도구라서 학교에 가져가지 않는 게 좋아. 부득이하게 꼭 써야 한다면 반드시 선생님께 허락을 받고 쓰도록 해.

3장 띵동, 공부 시간!

수수께끼 사람들이 매일 먹는 풀은?

난 입 주변
ㅂ, ㅍ, ㄷ에어
먹는 재미.

후릅~ 쩝쩝

난 캣풀
뜯어먹는
재미.

사각사각

정답: 수수께끼의 정답

무엇을 붙이는 데 쓰는 끈적끈적한 물질을 '풀'이라고 해. 주로 종이를 붙일 때 쓰는데, 다 쓰고 나면 뚜껑을 꼭 닫아. 예전에는 밥을 으깬 '밥풀'을 풀 대신에 쓰기도 했어. 수정 테이프처럼 생긴 '딱풀 테이프'는 깔끔하게 풀칠할 때 좋아.

딱풀 사용 방법

① 뚜껑을 열고

② 밑동을 돌려 막대의 높이를 조절한 뒤

③ 붙이고자 하는 곳에 문질러서 풀을 바르면 돼.

④ 다 쓰고 나면 밑동을 반대로 돌린 다음

⑤ 뚜껑을 닫으면 끝!

이러면 안 돼! 왜 안 되냐고?

⚠️ **풀 뚜껑을 열어 놓으면**
  🖐️ 풀이 말라 비틀어져서 못쓰게 돼.

⚠️ **딱풀 막대를 너무 길게 뽑아 쓰면**
  🖐️ 풀 막대가 부러져.

⚠️ **풀을 바닥에 떨어뜨리면**
  🖐️ 다른 사람이 밟고 미끄러져서 다칠 수 있어.

풀의 종류

✱ **목공 풀** : 나무, 천, 가죽 등을 붙일 때 사용해.

✱ **글루 건** : 글루 스틱을 열로 녹여 붙이는 총 모양의 접착 기구로, 나무, 천, 가죽뿐만 아니라 타일, 유리 등을 붙일 때 써. 화상의 위험이 있으니 사용할 때 주의해야 해. 작업할 때는 장갑을 끼고 선생님의 도움을 받는 것이 좋아.

글루 건   딱풀   목공 풀

3장 띵동, 공부 시간!

수수께끼 — 막 뛰어가서 자르는 것은?

ㄱ.ㅅ.ㅌ.ㅇ.ㅍ.는 내가 자를 거야! 안 돼!

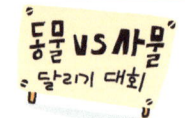

동물 VS 사물 달리기 대회

토끼야! 힘내!
헤헤, 일등!
방구! 방구! 문방구가 이겼다!
다다다다

수수께끼 정답: 가위표

투명한 셀로판의 한쪽 면에 접착제가 칠해진 테이프를 '셀로판테이프'라고 해. 투명 테이프, 스카치테이프라고도 하지. 풀로 못 붙이는 물건은 셀로판테이프를 써서 붙여. 휴대가 간편하고, 원하는 길이만큼 잘라 쓸 수 있는 셀로판테이프는 붙이기도 쉽고 떼기도 쉽지만, 떼어 낸 자리에 끈적거리는 자국이 남지. 그럴 땐 걱정마. 아세톤이나 물파스로 지우면 되니까.

셀로판테이프 사용 방법

① 한손으로 몸통을 움직이지 않게 잡은 뒤

② 다른 손으로 셀로판테이프를 필요한 만큼 쭈욱 잡아당기고

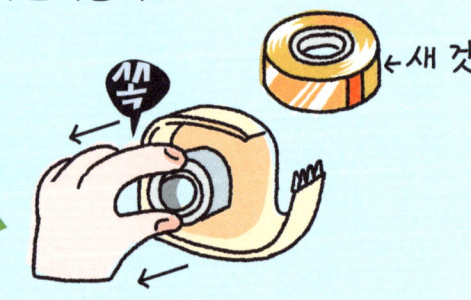

꾹 / 쭈우욱 / 톡 / 쏙 / ←새 것

③ 아래로 눌러 잘라 내. 이때 플라스틱 칼날에 손을 다치지 않도록 조심!

④ 테이프를 다 쓰면 테이프 심을 엄지와 검지로 잡아당기면 빠져. 새로운 테이프를 끼우면 끝!

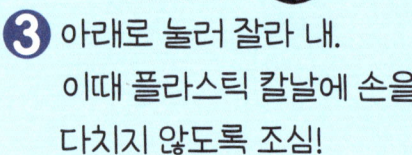

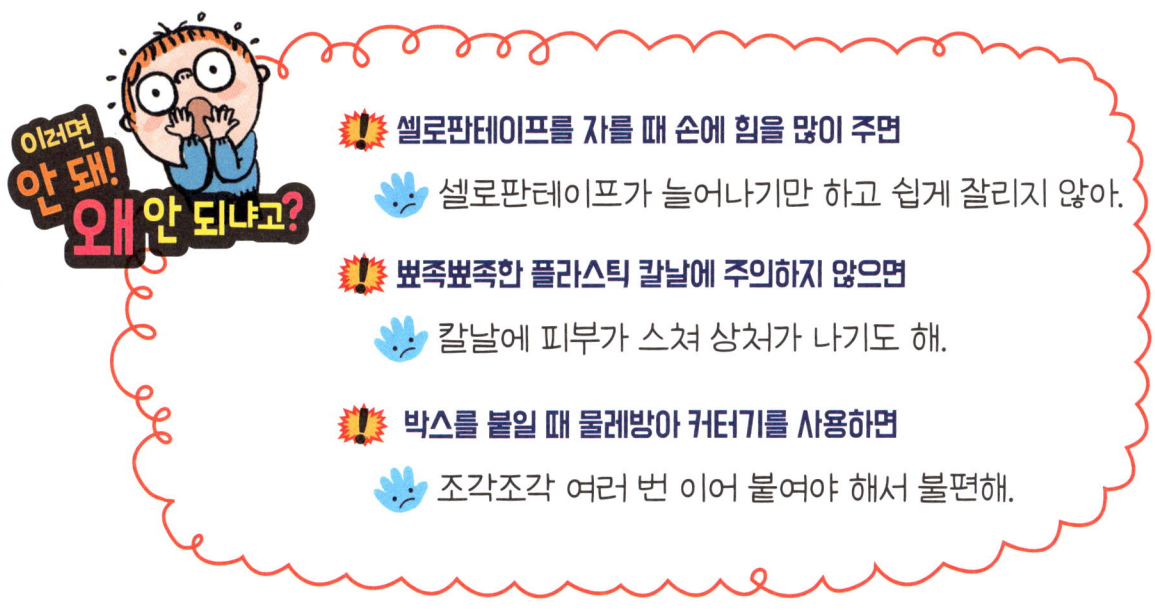

- ⚠️ **셀로판테이프를 자를 때 손에 힘을 많이 주면**
  - 🖐 셀로판테이프가 늘어나기만 하고 쉽게 잘리지 않아.

- ⚠️ **뾰족뾰족한 플라스틱 칼날에 주의하지 않으면**
  - 🖐 칼날에 피부가 스쳐 상처가 나기도 해.

- ⚠️ **박스를 붙일 때 물레방아 커터기를 사용하면**
  - 🖐 조각조각 여러 번 이어 붙여야 해서 불편해.

물레방아 커터기 사용 방법

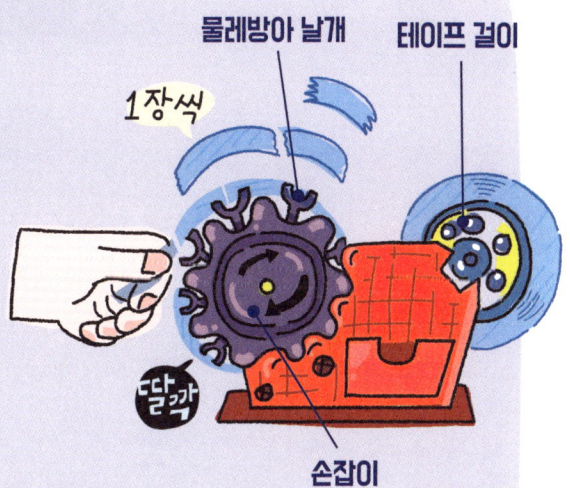

① 테이프 걸이에 셀로판테이프를 끼워. 이때 끈적끈적한 부분이 위로 향하게 해야 해.

② 테이프를 쭈욱 잡아당겨 끈적한 부분을 물레방아 날개에 붙이고

③ 동그란 손잡이를 시계 방향으로 한 바퀴 돌리면 테이프가 쓰기 편하게 잘리지.

④ 물레방아 날개에 잘려져 붙어 있는 테이프를 떼어 사용하면 돼.
　➡ 물레방아 커터기는 칼날이 안에 있어 안전하고 손잡이를 돌리기만 하면 쓸 수 있어서 편리하지만, 잘려진 테이프의 길이가 똑같아.

3장 띵동, 공부 시간!

수수께끼
맞으면 노래하는 구멍 뚫린 세모는?

맞으면 노래하는 거야?
ㅌ.ㄹ.ㅇ.ㅇ.ㄱ!

'리듬 악기'는 리듬에 대한 감각을 기르기 위해 쓰는 악기야. 그중 탬버린, 트라이앵글, 캐스터네츠는 음악 시간에 자주 쓰는 대표적인 리듬 악기지. 사물놀이에 필요한 꽹과리, 장구, 북, 징도 리듬 악기에 속해.

수수께끼 정답: 트라이앵글

리듬 악기 연주법

탬버린

① 한 손에 쥐고 다른 손으로 북면의 가운데를 쳐서 소리를 내.(북면 치기)

② 손에 쥐고 다른 손으로 테두리를 쳐서 소리를 내.(테 치기)

③ 한 손으로 들고 잘게 흔들어 찰찰찰 소리를 내.(트레몰로 연주법)

트라이앵글

① 트라이앵글의 고리를 한 손으로 잡고

② 다른 손으로 쇠막대를 쥐고 아랫부분을 쳐서 소리를 내.

이러면 안 돼! 왜 안 되냐고?

⚠ **탬버린을 너무 세게 두드리면**
  🖐 북면이 찢어져서 못 쓰게 돼.

⚠ **트라이앵글 쇠막대를 잃어버리면**
  🖐 트라이앵글로 소리를 낼 수 없어.

⚠ **트라이앵글 고리를 잃어버려 손으로 잡고 연주하면**
  🖐 소리가 맑게 나지 않아.

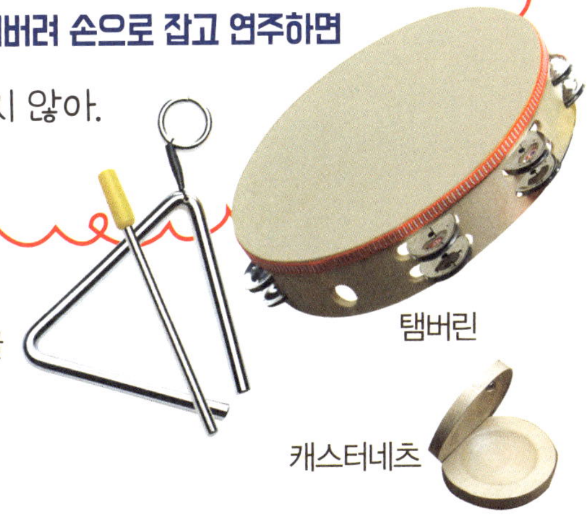

트라이앵글 탬버린
캐스터네츠

캐스터네츠

❶ 한 손에 캐스터네츠를 올려놓고 다른 손으로 두드려 소리를 내.

❷ 한 손으로 캐스터네츠를 쥐고 소리를 내.

리듬 악기를 잃어버리지 않는 방법

✱ 세트로 구입해 함께 보관하는 것이 좋아.

✱ 트라이앵글은 쇠막대가 따로 있기 때문에 잃어버리기 쉬워. 쇠막대에 이름을 붙여 두면 잃어버려도 찾을 수 있지.

✱ 트라이앵글 고리를 잃어버렸을 땐 머리 묶는 고무줄을 고리로 대신 쓸 수 있어.

4장
땡동, 쉬는 시간!

쉬는 시간은 너무 짧아!

"선생님 벌써 공부 종 쳤어요?
좀 더 놀면 안 돼요?"
쉬는 시간은 10분이라서 아주 짧게 느껴져.
하지만 쉬는 시간은 노는 시간이 아니라,
다음 시간을 준비하는 시간이야.
다음 시간에 공부할 교과서도 미리 펴 놓고
마음가짐도 공부할 준비가 되어 있어야
선생님 말씀이 귀에 쏙쏙 들어오고
공부 시간도 즐거워져.

화장실 바르게 사용하기

준비하는 시간!

학교 도서실 이용하기

사물함 속 학용품 정리하기

사물함 정리하기

✔ 체크. 혼자서 할 수 있어!

○ 나는 지난 시간에 배운 교과서는 사물함에 넣어.

○ 나는 사물함에서 필요한 물건을 꺼내고 정리해.

○ 나는 다음 시간에 배울 교과서를 책상에 펼쳐 놔.

○ 나는 화장실에 다녀와서 손을 씻어.

○ 나는 교실을 드나들 때는 조용히 사뿐사뿐 걸어.

5개 ☺ 참 잘했어!

3~4개 😐 조금만 더 노력해 봐!

1~2개 ☹ 많이 노력하자!

4장 띵동, 쉬는 시간!

수수께끼

화장실에서 방금 나온 사람을 네 글자로 하면?

우리 집 화장실에 ㅇ.ㅂ.ㅅ.ㄹ.?

벌써 일 다 봤스므니다!

수수께끼 정답: 일본사람

'화장실'은 똥과 오줌을 누고 손을 씻을 수 있도록 만들어 놓은 곳이야. 남자 화장실과 여자 화장실을 구분한 이유는 장난으로라도 들어가서는 안 된다는 뜻이지.

화장실 바르게 사용하는 방법

남자

1. 남자 화장실에 들어가서
2. 줄을 서서 차례를 기다려. 줄이 없고 문이 닫혀 있다면 노크를 해서 안에 사람이 있는지 확인해.
3. 오줌을 눌 준비를 하고
4. 변기에 잘 맞추어 오줌을 누면 돼.
5. 다 눈 후엔 변기 물을 내리고
6. 손을 깨끗이 씻으면 끝!

여자

1. 여자 화장실에 들어가서
2. 줄을 서서 차례를 기다려.
3. 옷을 내리고 변기에 앉아.
4. 오줌이나 똥을 누고 화장지로 닦으면 돼.
5. 휴지통에 화장지를 버리고 변기 물을 내리고서
6. 손을 깨끗이 씻으면 끝!

- ⚠️ **휴지를 둘둘 말아 장난치면**
  - 🖐️ 휴지가 낭비되고, 다른 사람이 휴지를 쓸 수 없어.
- ⚠️ **물기가 있는 화장실에서 뛰면**
  - 🖐️ 넘어져서 다칠 수 있지.
- ⚠️ **볼일을 다 보고 손을 씻지 않으면**
  - 🖐️ 세균이 손에 남아 있기 때문에 병에 걸릴 수 있어.

쪼그리고 앉는 변기 사용 방법

❶ 변기 머리 쪽을 향해 다리를 벌리고 서.

❷ 바지와 팬티를 무릎 아래까지 내린 다음

❸ 쪼그리고 앉아 볼일을 봐.

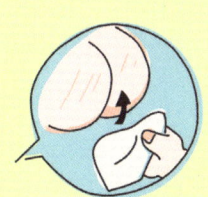

❹ 휴지를 뜯어 접어서 엉덩이 아래에서 위로 부드럽게 닦아 내면 돼.

❺ 변기에서 일어나 팬티와 바지를 위로 올리고

❻ 변기 옆에 있는 손잡이나 물 내리기 버튼을 눌러 물을 내리면 끝!

4장 띵동, 쉬는 시간!

수수께끼
슈퍼맨이 팔짱을 끼는 이유는?

슈퍼맨은 ㅈ.ㅁ.ㄴ. 없지?

응! 없어서 멋지게 팔짱을 끼지. 하하하하~

부럽

~건들~ ~건들~

수수께끼 정답: 호주머니 없어서

개인 물건을 넣어 두는 상자를 '사물함'이라고 해.
백화점, 지하철 등에서 많이 볼 수 있지.
초등학교에 있는 사물함은
교과서를 세워서 넣을 수 있는 높이에,
책꽂이 한 칸 정도의 크기야.
작기 때문에 사물함을 잘 정리하지 않으면
여러 종류의 물건으로
뒤죽박죽된다는 거 명심해.

🔶 사물함 정리 방법

❶ 세워야 할 것과 눕혀야 할 것을 구분해서 정리해.

❷ 작아서 잃어버리기 쉬운 것은 바구니나 주머니에 담아서 넣어 두면 좋아.

꺼내기 쉽게 종류대로 정리! 탬버린은?

❸ 크고 무거운 것은 아래쪽에, 작고 가벼운 것은 위쪽에 놓으면 돼.

이러면 안 돼! 왜 안 되냐고?

⚠️ **물건을 가로로 쌓으면**
🖐️ 아래쪽에 있는 것을 꺼내기 힘들어.

⚠️ **물건이 종류별로 정리되어 있지 않으면**
🖐️ 한눈에 찾기 힘들기 때문에 여기저기 뒤적이게 돼.

⚠️ **물건이 너무 커서 사물함이 안 닫히면**
🖐️ 휴지처럼 크기가 큰 것부터 줄여 봐.

사물함 정리를 도와주는 물건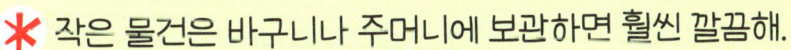

✳️ 교과서와 공책을 꽂을 수 있는 파일 꽂이를 사용하면 책이 넘어지지 않아.

✳️ 작은 물건은 바구니나 주머니에 보관하면 훨씬 깔끔해.

✳️ 바구니는 둥근형보다 사각형이 공간을 적게 차지해 정리하기 좋아.

4장 띵동, 쉬는 시간!

수수께끼: 제일 게으른 학용품은?

학생들이 공부하고 학습하는 데 필요한 모든 물건을 '학용품'이라고 해. 사물함에 들어갈 학용품은 종류별로 비슷한 크기끼리 정리하면 찾아 쓰기 쉬워.

수수께끼 정답: 자요람(베개)

사물함 속 학용품 정리 방법

① 책과 공책 같은 학용품
책, 공책, 무선 종합장, 알림장
➡ 삼각 파일 꽂이 이용

② 케이스가 있는 학용품
색연필 12색, 사인펜 12색, 크레파스 24색, 케이스에 든 색종이
➡ 삼각 파일 꽂이 이용

③ 크기가 작은 학용품
가위, 딱풀, 셀로판테이프 등 작은 물건
➡ 작은 사각 바구니 이용

④ 음악 시간에 쓰는 학용품
리듬 악기(탬버린, 트라이앵글, 캐스터네츠), 소고
➡ 리듬 악기 세트 가방, 소고 가방 이용

⑤ 기타
미니 물티슈, 미니 휴지, 미니 빗자루 세트
➡ 물티슈와 휴지는 작은 것으로

이러면 안 돼! 왜 안 되냐고?

⚠️ **교과서를 그냥 세워 두면**
🖐️ 교과서가 넘어지거나 휘어져.

⚠️ **크기가 작은 학용품을 넓은 바구니에 넣으면**
🖐️ 공간을 많이 차지해.

⚠️ **색종이를 상자에 넣지 않고 그냥 사물함에 넣으면**
🖐️ 색종이가 구겨져서 못 써.

1학년 때 자주 쓰는 학용품

✱ **모양 자** : 수학 시간에 자주 써.
쉽게 동그라미, 세모, 네모 모양을 그릴 수 있어서 좋아.

✱ **무선 종합장** : 선 긋기, 꾸미기, 한글 공부할 때 등 다양하게 쓰여.
쉬는 시간에도 자유롭게 그리기를 할 수 있어.

✱ **네임 펜** : 학용품에 이름을 쓸 때 써.
이름을 쓴 학용품은 잘 잃어버리지 않지.

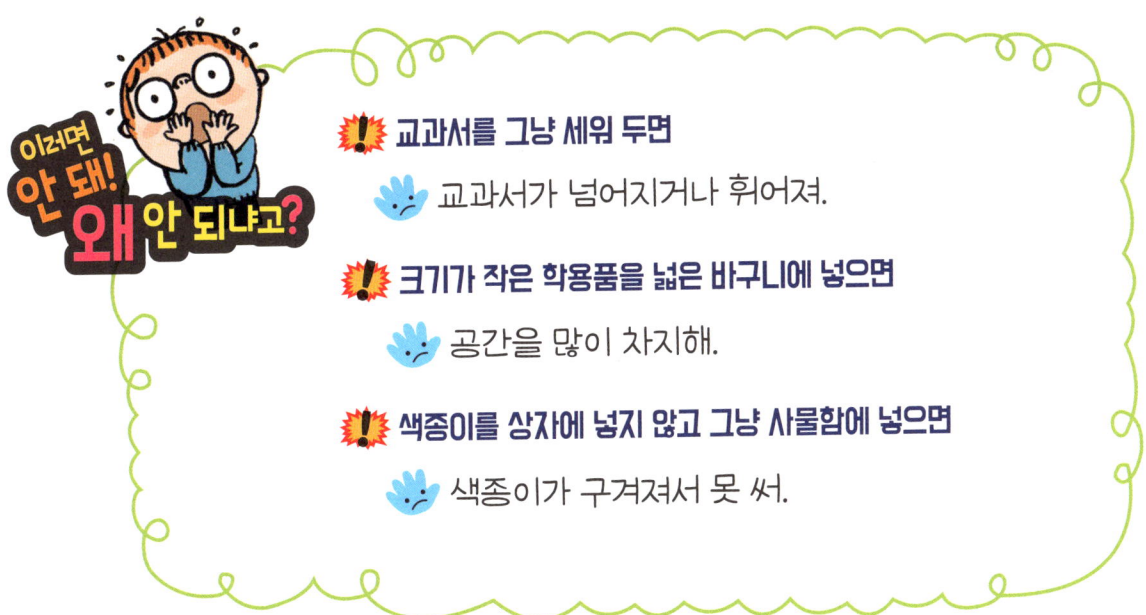

모양 자

무선 종합장

네임 펜

4장 띵동, 쉬는 시간!

수수께끼 학생들이 싫어하는 피자는?

수업 전 선생님이 맨날 大.ㅍ.ㅈ. 하셔!

학교에 피자가?

책을 읽거나 빌릴 수 있는 곳을 '도서실'이라고 해.
도서실은 학교에서 사용하는 특별실 중에 가장 많은 사람이 자유롭게 이용하는 곳이야.
도서실은 많은 사람이 함께 쓰는 공공장소니까 공중도덕을 지켜야 하는 거 알지?
조용히, 쉿!
발소리가 나지 않게 살금살금!

수수께끼 정답: 大 피자

학교 도서실 이용 방법

재있다! 완독!
웅냐. 낄낄 웃겨. 중얼중얼

공공물건 낙서 금지.
아~이~ 재있어~
책 찢으면 난 이떻게 읽어?

① 한꺼번에 많은 책을 가져다 읽으면 안 돼.

② 읽고 싶은 책 한 권을 끝까지 읽어.

③ 책을 읽을 때는 소리 내지 않고 눈으로 읽는 거야.

④ 책은 조심히 다뤄야 해. 여러 사람이 함께 보는 책이니까. 낙서, 밑줄 긋기, 침 묻혀 넘기기 모두 안 돼.

⑤ 필요한 부분을 찢거나 잘라 내도 안 돼. 옮겨 적거나 대출해서 복사하기.

이러면 안 돼! 왜 안 되냐고?

❗ **한꺼번에 책을 많이 가져다 읽으면**
　　다른 친구들이 그 책을 못 읽게 돼.

❗ **여러 사람이 보는 책을 찢으면**
　　다른 사람이 그 부분의 내용을 알 수 없게 돼.

❗ **책을 제자리에 꽂아 두지 않으면**
　　나중에 그 책이 어디에 있는지 찾기 어려워.

❻ 다 읽은 책은 제자리에 꽂기!

❼ 책을 빌릴 때는 줄을 서서 차례를 기다리고, 반드시 기일 내에 반납해야 해.

도서실에서 쓰는 말

✳ **대출** : 책을 빌리는 것.

✳ **반납** : 다 읽은 책을 도서실에 돌려주는 것.

✳ **연기** : 다 읽지 못해 책의 반납을 뒤로 미루는 것.

✳ **연체** : 도서실에 책을 정해진 기간에 돌려주지 못한 것.

✳ **사서 선생님** : 도서실을 운영하는 선생님.

5장
띵동, 급식 시간!

급식 시간이 기다려져!

운동할 때도, 공부할 때도 에너지가 많이 필요해.
그러니까 아침은 꼭 먹고 오는 게 좋아.
아침을 안 먹고 오면 점심 급식 시간까지
배가 고파 아무것도 못할 테니까 말이야.
학교에서 먹는 점심 급식은 제시간 안에 먹어야 해.
늦게 먹으면 점심 먹고 놀이터에
나가 놀지 못할 뿐만 아니라,
급식 후 다음 수업을 진행하는 데에도
지장이 있어.

급식은 제시간 안에!

잘 먹겠습니다!

점심 급식 예절

비닐봉지 뜯기

혼자서 우유갑 열기

✓ 체크. 혼자서 할 수 있어!

- ○ 나는 급식 먹기 전에 손을 씻어.
- ○ 나는 우유갑을 혼자 열 수 있어.
- ○ 나는 반찬을 골고루 먹어.
- ○ 나는 급식은 딱 먹을 만큼만 담아.
- ○ 나는 식사 후 양치질을 해.

5개	😊 참 잘했어!
3~4개	😐 조금만 더 노력해 봐!
1~2개	😟 많이 노력하자!

수수께끼

세종 대왕이 가장 좋아하는 우유는?

'우유갑'은 우유를 담는 데 쓰는 작은 종이 상자야.
우유는 매일 나오니까 우유갑을 혼자서 열 수 있어야겠지?
집에서 어른들이 우유갑을 열 때 잘 보고 배웠다가 학교에서 해 봐.
우유갑을 잘 못 따는 친구를 도와주면 기분이 좋아질 거야.

수수께끼 정답: 아아아이우유

우유갑 여는 방법

❶ '◀여는 곳' 또는 '◀유통기한'이라고 쓴 곳을 봐.

❷ '양쪽으로 여십시오'라고 쓰여 있지?

❸ 엄지손가락과 검지손가락으로 양쪽 입구를 벌린 뒤

❹ 끝부분을 뒤로 젖히고 누르면서 살짝 힘을 줘 앞으로 당겨.

❺ 조그맣게 구멍이 보이면 끝까지 당겨서 열면 돼.

이러면 안 돼! 왜 안 되냐고?

⚠️ **흰 우유가 맛없다고 책상 속에 숨기면**
🖐️ 시간이 지날수록 썩어서 고약한 냄새가 나.

⚠️ **우유갑 입구 반대쪽으로 열면**
🖐️ 여는 곳이 아니라서 잘 열리지 않아.

⚠️ **다 먹은 우유갑을 뒤집어서 상자에 담으면**
🖐️ 남은 우유가 흘러 바닥이 지저분해져.

❻ 우유를 남기지 말고 다 먹은 뒤

❼ 빈 우유갑은 상자에 잘 정리해서 담으면 끝!

우유갑은 종이팩으로 분리 배출!

❶ 다 먹은 우유갑을 물에 헹궈.

❷ 깨끗하게 헹궜으면 우유갑을 뜯어서 쫙 펼쳐.

❸ 잘 말려서 종이팩으로 분리 배출하면 끝!

빈 우유갑은 우유 상자에.

5장 띵동, 급식 시간!

수수께끼

들어갈 때는 잔뜩 짊어지고,
나올 때는 아무것도 없이 나오는 것은?

'숟가락'은 밥이나 국 같은 음식을 떠먹는데 사용하는 도구야. 특히 국이나 찌개처럼 국물이 있는 음식을 먹을 때 요긴하게 쓰이지. 점심 급식을 먹을 때도 숟가락처럼 꼭 필요한 예절이 있어.

수수께끼 정답: 숟가락

급식 예절

식사하기 전

① 손을 깨끗이 씻고
② 한 줄로 서서 차례를 지켜 음식을 받아야 해.
③ 식판의 양쪽을 양손으로 꼭 잡아. 국이 뜨거울 수 있으니 조심해.
④ "잘 먹겠습니다." 하고 예의 바르게 인사하는 거 잊지 마.

잘 먹겠습니다!

식사할 때

① 음식을 가리지 말고 골고루 먹어.
② 큰 소리로 떠들면 안 되는 거 알지?
③ 음식 남기지 않고 먹기!

난, 연근 잘 먹어!
와! 정말?
쉿쉿~ 작게 말하자. 밥알 튀어.

이러면 안 돼! 왜 안 되냐고?

⚠️ **식판을 한 손으로 받으면**
🖐️ 뜨거운 국이 쏟아져서 데일 수 있어.

⚠️ **손을 씻지 않고 음식을 먹으면**
🖐️ 손에 있는 병균이 몸속으로 들어갈 수 있지.

⚠️ **식판을 들고 장난을 치면**
🖐️ 식판 모서리에 부딪치거나 식판이 날아가 친구가 크게 다칠 수 있어.

식사 후

1. "잘 먹었습니다." 하고 인사한 다음
2. 식판과 주변을 정리해.
3. 양치질은 꼭 해야지.

잔반이 남았다면

1. 국을 담았던 곳에 남은 밥과 반찬을 모아서
2. 음식물 버리는 곳에 숟가락을 이용해 깨끗하게 버린 뒤
3. 식판은 식판 모으는 곳에, 수저는 수저 모으는 곳에 소리 나지 않게 놓으면 돼.

수수께끼

자는 자인데 먹는 자는?

종이나 비닐로 물건을 넣을 수 있게 만든 주머니를 '봉지'라고 해. 비닐로 만들면 비닐봉지, 종이로 만들면 종이 봉지. 급식 메뉴에 자주 나오는 맛김과 입이 출출할 때 먹는 과자는 비닐봉지에 담겨 있어. 그런데 가위가 없을 땐 어떻게 해야 비닐봉지가 잘 뜯어질까?

수수께끼 정답 : 김자 (거꾸로)

맛김 뜯는 방법

① 봉지 위쪽의 뾰족뾰족한 부분을 자세히 살펴보면 뜯기 편하게 세로로 실금이 몇 개 그어져 있어.

② 양손의 엄지와 검지를 이용해 서로 반대 방향으로 살짝 힘을 주면 실금이 뜯어져.

③ 그대로 아래쪽으로 끝까지 쭉 벗겨.

④ 안에 김이 담겨 있는 플라스틱이 보이지?

⑤ 꺼내서 맛있게 먹으면 돼.

> ❗ **봉지 위쪽의 뾰족뾰족한 부분이 얼굴이나 피부에 닿으면**
> 🖐 베어서 상처가 날 수 있어.
>
> ❗ **실금이 그어지지 않은 곳을 뜯으면**
> 🖐 실금이 그어진 곳보다 뜯기가 어려워.
>
> ❗ **과자 봉지를 잘못 뜯으면**
> 🖐 안에 있는 과자가 밖으로 쏟아질 수 있어.

과자 그릇 만드는 방법

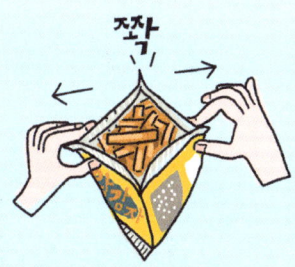

① 과자 봉지 위쪽의 중심선을 잡고 양옆으로 잡아당겨서 열어.

② 밑부분의 가운데를 오목하게 누르고 남은 양옆을 접어 과자 바닥을 만들어.

③ 접은 바닥을 계속해서 말아 올려 잘 세워지도록 모양을 잡은 후 과자 봉지를 세우면 과자 그릇 완성!

④ 과자 봉지를 들고 있지 않아도 되고, 과자 가루를 손등에 묻히지 않고 편하게 집어 먹을 수 있어.

6장
띵동, 놀이 시간!

놀이터는 우리들 세상!

가장 좋아하는 곳인 놀이터에서
최고 인기 많은 놀이 기구는 그네야.
나만 타고 싶지만 친구도 타고 싶은 마음은 똑같아.
그러니까 약속한 시간만큼 타고
다음 친구에게 넘겨줘야 해.
놀이터에서는 활동하기 편한 옷을 입어야
더 재미있고 안전하게 놀 수 있어.
끈이 달리거나 치렁치렁한 옷,
목걸이 같은 장신구는 놀이 기구에 끼어
사고가 날 수 있거든.

철봉 안전 수칙

미끄럼틀 안전 수칙

친구야, 놀자!

줄넘기하기

정글짐 안전 수칙

보건실 이용하기

시소 안전 수칙

그네 안전 수칙

✓ 체크. 혼자서 할 수 있어!

○ 나는 차례를 지켜 놀이 기구를 이용해.

○ 나는 놀이 기구에서 뛰어내리지 않아.

○ 나는 같은 기구를 혼자 오래 타지 않아.

○ 나는 놀이 기구는 양손으로 이용해.

○ 나는 친구에게 모래나 흙을 뿌리지 않아.

5개	☺ 참 잘했어!
3~4개	😐 조금만 더 노력해 봐!
1~2개	😣 많이 노력하자!

6장 띵동, 놀이 시간!

수수께끼
다리로 올라가서 엉덩이로 내려오는 것은?

미.ㄲ.ㄹ.ㅌ. 올라가자~
탁 탁 탁
으아아 악

수수께끼 정답: 미끄럼틀

'미끄럼틀'은 미끄러져 내려오면서 놀 수 있도록 비스듬하게 만든 놀이 기구야. 혼자서도, 여럿이서도 놀 수 있는 만큼 놀이터라면 꼭 있는 놀이 기구지만, 놀이터에서 가장 많이 다치는 놀이 기구니까 항상 안전에 신경 써야 해!

미끄럼틀 안전하게 타는 방법

① 꼭 계단을 이용해 한 계단씩 올라가.

② 내려오기 전 앞에 사람이 있는지 확인한 뒤

③ 미끄럼판에 엉덩이를 대고 손잡이를 잡고 타.

④ 내려오고 나서는 다음 사람과 부딪치지 않게 빨리 비켜 주기!

손잡이 잡고 한 칸씩.
기다리자.
앞 사람 없어. 내려가도 좋아!
오케이 간다. 얍!

이러면 안 돼! 왜 안 되냐고?

⚠️ **미끄럼틀에서 서서 내려오면**
  🖐 넘어져서 다쳐.

⚠️ **엎드려서 타면**
  🖐 머리를 다칠 수 있어.

⚠️ **거꾸로 올라가면**
  🖐 내려오는 친구와 부딪쳐 둘 다 다치지.

터널형 미끄럼틀 주의!

✱ **통 안에 들어가 숨으면 안 돼!**
  ➡ 내려오는 친구와 부딪쳐 둘 다 크게 다칠 수 있어.

✱ **통 위에 올라가면 안 돼!**
  ➡ 겉면이 둥그렇기 때문에 발이 미끄러져 떨어질 수 있으니까 올라가지 마.

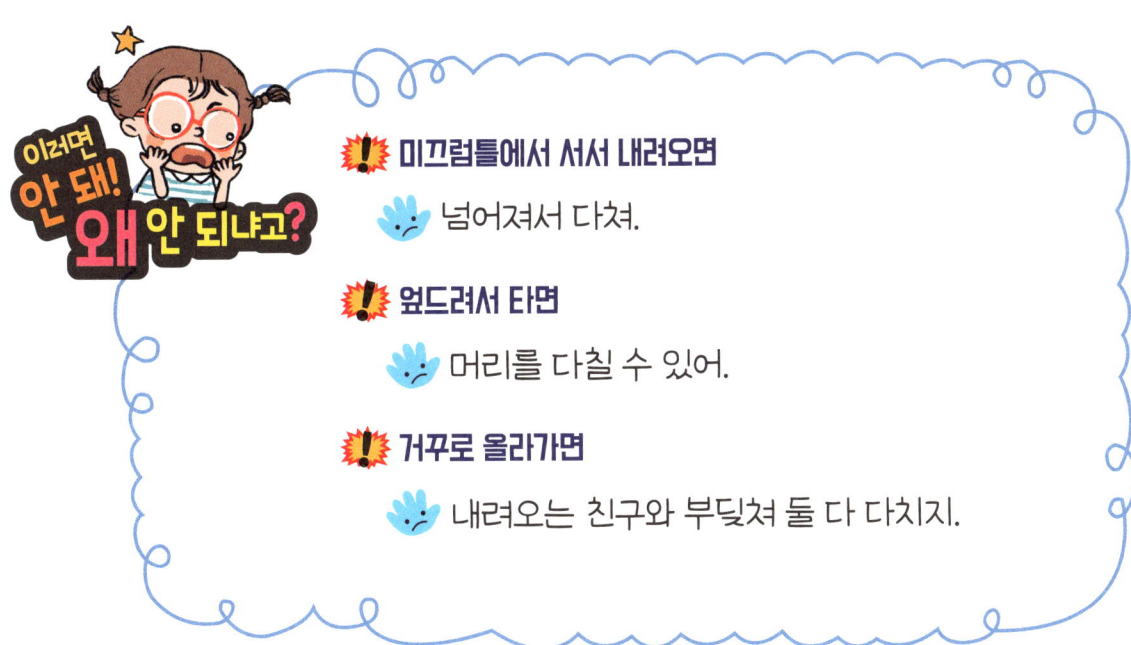

어서 비켜 줘야지.

벌떡

6장 띵동, 놀이 시간!

발을 구르면 하늘과 가까워졌다가 땅과 가까워졌다가 하는 것은?

'그네'는 발판에 끈을 매어 앞뒤로 흔드는 놀이 기구야. 미끄럼틀과 마찬가지로 놀이터에서 많이 다치는 놀이 기구인데, 주로 그네 앞이나 뒤에 서 있다가 많이 다쳐. 그러니까 놀이터에서 놀 때 꼭 그네 안전선 밖으로만 다녀야 해.

그네 안전하게 타는 방법

① 그네의 한가운데 앉아서 손잡이를 잡고 타.

② 그네가 완전히 멈추고 나면 내려.

③ 그네 근처에서 놀이를 하면 위험해. 꼭 안전선 밖으로 다니는 거 잊지 마!

이러면 안 돼! 왜 안 되냐고?

⚠️ **그네 양옆의 손잡이를 잡지 않으면**
　🖐 떨어져 크게 다칠 수 있어.

⚠️ **움직이는 그네의 앞뒤에 서 있거나 놀이를 하면**
　🖐 그네에 부딪쳐 크게 다쳐.

⚠️ **그네가 서지 않았는데 뛰어내리면**
　🖐 다리뿐만 아니라 온몸이 다칠 수 있지.

여인들의 대표적인 민속놀이 '그네뛰기'

음력 5월 5일을 '단오'라고 하는데,
이날에 남자들은 황소를 걸고 씨름을 하고,
여자들은 노리개나 비단을 걸고 그네를 뛰었어.
'그네뛰기'는 높이 올라가는 사람이 이기는 민속놀이야.

6장 띵동, 놀이 시간!

수수께끼
올라가면 내려가고 내려가면 올라가는 것은?

'시소'는 긴 판의 가운데에 받침대를 놓고 양쪽 끝에 사람이 탄 채 오르내리는 놀이 기구야. 나와 몸무게가 비슷한 친구라면 각자 양쪽 끝에 타고, 몸무게 차이가 나는 친구라면 무거운 친구가 앞에, 가벼운 친구가 뒤에 타야 시소가 잘 움직여.

시소 안전하게 타는 방법

① 탈 때에는 자리에 엉덩이를 붙이고, 두 손으로 손잡이를 잡고 타.

② 시소가 내려갈 때, 시소 밑에 발을 두면 안 돼.

③ 시소에서 내리고 싶을 때는 마주 앉은 친구에게 미리 알리고, 시소 끝이 땅에 닿으면 천천히 내려.

이러면 안 돼! 왜 안 되냐고?

❗ **손잡이를 잡지 않고 타면**
　내려가는 반동으로 공중으로 튕겨 나갈 수 있어.

❗ **시소 밑에 발을 두면**
　내려온 시소에 발을 다칠 수 있어.

❗ **시소에서 내릴 때 친구에게 미리 알리지 않으면**
　맞은편에 앉은 친구가 다칠 수 있지.

시소와 닮은 민속놀이 '널뛰기'

음력 1월 1일을 '설날'이라고 해. 이때 남자들은 연날리기를, 여자들은 널뛰기를 하며 놀았어.
'널뛰기'는 기다란 널빤지를 시소처럼 만들어 널빤지 양쪽 끝에 한 사람씩 올라서서 번갈아 뛰는 놀이인데, 발이 널빤지에서 먼저 내려오는 쪽이 져.

6장 띵동, 놀이 시간!

수수께끼
다리는 둘에 갈비뼈밖에 없는 것은?

ㅅ.ㄷ.ㄹ.?
이곳 아래 증거가 있다? 어려워~

솟다리?

수수께끼 정답: 솟다리

'정글짐'은 둥근 나무나 철봉을
가로세로로 엮어 만든 놀이 기구야.
상자처럼 생겨서 '상자 사다리'라고도 부르지.
오르고, 내리고, 건너고, 기고,
걸터앉기도 하며 즐길 수 있어.
하지만 단단한 쇠로 만들어져 있기 때문에
사고가 나면 부상 위험이 커.
그래서 늘 조심해야 해.

정글짐에서 안전하게 노는 방법

1. 올라갈 때 머리를 다치지 않게 조심해.
2. 손을 놓고 장난치면 큰일 나.
3. 위에 있는 사람을 끌어당기면 안 되고
4. 아래 있는 사람을 발로 차면 안 돼.
5. 너무 빨리 오르거나 내려오면 위험해.
6. 옆으로 옮겨 갈 때는 머리를 부딪치지 않게 주의해.

이러면 안 돼! 왜 안 되냐고?

⚠️ **정글짐에서 기어가다 갑자기 고개를 들면**
  🖐️ 철제에 머리를 부딪칠 수 있어.

⚠️ **꼭대기에 서 있거나 누워 있으면**
  🖐️ 떨어져서 다쳐.
    나뿐만 아니라 친구도 다칠 수 있지.

⚠️ **두 손을 놓고 장난하거나 뛰어내리면**
  🖐️ 떨어져 크게 다칠지도 몰라.

구름사다리

'구름사다리'는 사다리 모양에 매달려 오고 가도록 만든 놀이 기구야. 한 칸 한 칸 잡고 이동하며 팔의 근력을 키울 수 있어. 그러니까 구름사다리 위에 올라가서 걸으면 안 돼. 원래 용도에서 벗어나면 안전하지 않거든. 높은 데서 떨어지면 팔과 다리가 부러질 수도 있으니까 명심해.

6장 띵동, 놀이 시간!

수수께끼
다리 둘에 뼈가 하나, 사람들이 매달리고 거꾸로 오르는 것은?

'철봉'은 두 개의 기둥 사이에 쇠막대를 가로질러 만든 운동 기구야. 주로 턱걸이를 하는 데 쓰지만, 매달리기만 해도 운동 효과가 있어. 철봉에서 내려올 때는 발에 충격이 올 수 있으니까 사뿐히 내려와야 해.

정답: 수수께끼 움룸

철봉 안전하게 이용하는 방법

① 자신의 키보다 너무 높은 철봉에 매달리지 마.

② 거꾸로 매달리면 위험해.

③ 내려올 때는 발에 충격이 올 수 있으므로 살포시 조심해서 내려와.

이러면 안 돼! 왜 안 되냐고?

⚠ **철봉에 거꾸로 매달리면**
　🖐 떨어져서 얼굴을 다칠 수 있어.

⚠ **자신의 키보다 높은 철봉에 매달리면**
　🖐 손에 힘이 풀렸을 때 높은 곳에서 뚝 떨어지게 돼.

⚠ **철봉에 앉으면**
　🖐 뒤로 떨어져 머리를 다칠 수 있어.

남자 기계 체조 '철봉'

'철봉'은 올림픽 체조 종목의 하나로, 남자들만 해. 철봉은 시작할 때부터 착지할 때까지 잡기, 흔들기, 매달리기, 돌기 등의 동작을 연기하는데, 멈추지 않고 자연스럽게 동작을 연결해야 높은 점수를 받을 수 있어. 동작이 정확한지, 난이도가 높은지, 연기가 아름답고 우아한지를 보며 채점을 매기는 체조 경기야.

6장 띵동, 놀이 시간!

수수께끼
길고 짧은 것을 대봐도 모르는 것은?

정답: 한글의 자음

'줄넘기'는 줄의 양끝을 잡고 돌리면서 뛰어넘는 운동이야. 언제 어디서나 손쉽게 할 수 있다는 게 장점이지. 줄을 넘을 때는 발바닥 앞부분으로 가볍게 뛰고, 줄의 길이는 줄을 밟고 섰을 때 손잡이가 겨드랑이 정도에 오도록 하면 돼.

줄넘기하는 방법

두 발 모아 뛰기

1. 줄넘기의 손잡이를 가볍게 잡고
2. 양쪽 팔꿈치는 겨드랑이에 붙여.
3. 줄을 잡은 두 손이 허리 정도에 오는 게 딱 좋아.
4. 양발을 모으고 정면을 바라보고 서.
5. 줄을 돌릴 때는 팔과 어깨가 아닌 손목으로 돌리고

6. 발목과 무릎을 이용해서 연속으로 제자리에서 뛰면 돼.
7. 뛸 때 몸에서 힘을 빼고 양발을 모아 가볍게 뛰고
8. 반드시 발의 앞부분으로 착지해야 해.

- ⚠️ 발바닥 전체가 땅에 닿으면
  - 🖐️ 무릎과 발목 관절에 충격을 줄 수 있어.
- ⚠️ 쿠션이 없는 딱딱한 신발을 신으면
  - 🖐️ 무릎과 다리에 무리가 가지.
- ⚠️ 뛸 때 무릎이 구부러져 다리가 뒤로 접히면
  - 🖐️ 무릎 관절에 충격을 줄 수 있어.

번갈아 뛰기

① 제자리걸음하듯이 양발을 번갈아 가며 뛰면서 줄을 넘어.

② 양발의 안쪽 복숭아뼈가 스친다는 느낌으로 뛰면 돼.

엇갈려 뛰기

① 팔을 X자 모양으로 교차시킨 상태에서 줄을 넘어.

② 팔을 교차할 때는 최대한 아래로 내려서 넘을 수 있는 공간을 만드는 게 중요해.

6장 띵동, 놀이 시간!

수수께끼
아픈 데가 없는 데도 매일 병원에 가는 사람은?

밤시간에 일하는 천사 ㄱ.ㅎ.ㅅ. 라고.

왜? 매일 밤 올까?

수수께끼 정답: 간호사

학생들이 아프거나 다쳤을 때 치료해 주는 곳을 '보건실'이라고 해. 예전 이름은 '양호실'이었어. 학교의 간호사인 보건 선생님이 계시는 곳이기도 해. 보건실은 주로 쉬는 시간이나 점심시간에 이용하는데, 응급 환자는 언제든지 이용할 수 있어. 보건실은 아픈 사람이 안정을 취하는 미니 병원이니까 시끄럽게 떠들면 안 돼. 조용히 쉿!

보건실 이용 방법

❶ 보건실 문을 조용히 노크하고 혼자 들어가.

❷ 단, 부축이 필요한 경우엔 친구의 도움을 받아.

❸ 앞에 진료 받는 친구가 있다면 의자에 앉아 조용히 기다려.

❹ 내 차례가 되면 보건 선생님께 어디가 아픈지 자세하게 말하고

❺ 치료를 받고도 많이 아프다면 보건실에 누워서 쉬어.

❻ 치료가 끝나면 인사를 드린 뒤 조용히 문을 닫고 나가.

- ❗ 보건실 문을 세게 두드리거나 보건실에서 시끄럽게 떠들면
  - 🖐 아파서 쉬고 있는 친구들에게 방해가 돼.
- ❗ 보건 선생님께 어디가 어떻게 아픈지 자세히 말하지 않으면
  - 🖐 정확하게 치료를 할 수가 없어.
- ❗ 코피가 났을 때 고개를 뒤로 젖히면
  - 🖐 코피가 기도를 타고 넘어가 질식할 수 있어.

응급 상황에서의 응급 처치

✱ **뜨거운 물에 손을 데었을 때**
➡ 흐르는 차가운 물에 화상 부위를 대고 식히면 돼.

✱ **넘어져 무릎에 상처가 났을 때**
➡ 상처 부위를 흐르는 물에 씻은 후 소독해.

✱ **머리를 부딪쳤을 때**
➡ 차갑게 찜질하고 머리를 심장보다 높게 하여 안정을 취해.

✱ **코피가 났을 때**
➡ 고개를 약간 앞으로 숙이고 콧등을 잡으면 돼.

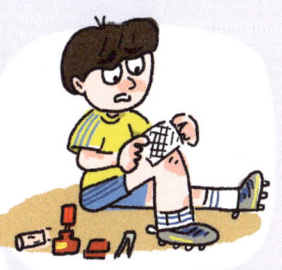

7장
띵동, 집에 갈 시간!

언제 사고가 가장 많이 날까?

바로 학교에서 집으로 가는 하교 시간이야.
공부를 다 마쳤다는 홀가분함에 긴장이 풀려
주의하지 않고 다니다 사고가 많이 나지.
사고는 때와 장소를 가리지 않고
예고 없이 찾아오니까
상황별 안전 수칙을 꼭 익혀 둬야 해.
그래야 위험할 때
스스로 자신의 몸을 지킬 수 있거든.

학교 안전 수칙

안전을 위해!

7장 띵동, 집에 갈 시간!

수수께끼

아이스크림이 교통사고를 당한 이유는?

위험이 없는 상태를 '안전'이라고 해.
특히 어린이들이 생활하는 학교의 안전은 중요하지.
그런데 매일 학교에서는 크고 작은 사고가 생겨.
쉬는 시간에 친구들과 장난치다가 다치는 일이
가장 많고, 그다음이 운동장에서
체육을 할 때라고 해.
사고 원인은 대부분 학생들의 '부주의'라고 하니
항상 안전에 주의해야 한다는 거 잊지 마!

수수께끼 정답: 차가 와서

운동장 안전 수칙

① 운동장 바닥에는 날카로운 조각이 떨어져 있을 수도 있으니까 맨발로 놀면 안 돼.

② 햇볕이 뜨거울 때는 놀이 기구가 뜨거울 수 있어. 그러니까 놀이 기구를 잡을 때 조심해.

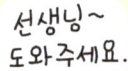 

③ 운동 기구를 옮길 때는 선생님의 도움을 받아 안전하게 옮겨야 해.

④ 친구들에게 운동장의 모래나 흙을 뿌리면 안 돼.

교실 안전 수칙

① 교실에서 술래잡기, 공놀이, 말타기와 같은 거친 놀이를 하면 안 돼.

② 책상 모서리에 부딪히지 않도록 조심해야 해.

③ 친구가 앉을 때 의자를 뒤로 빼면 큰일 나.

④ 친구가 걸어가는데 발을 걸면 넘어져 크게 다칠 수 있어.

⑤ 칼, 가위, 연필 등 뾰족한 물건을 들고 장난치면 안 돼.

⑥ 창틀에 올라가거나 기대어 앉는 행동은 매우 위험해.

⑦ 교실에서 휴지나 쓰레기 등을 창문 너머로 던지면 안 돼.

이러면 안 돼! 왜 안 되냐고?

⚠ 햇볕에 달궈진 놀이 기구를 무심코 잡으면
  화상을 입을 수 있어.

⚠ 친구들끼리 운동 기구를 옮기다가는
  넘어지거나 다칠 수 있어.

⚠ 친구가 앉을 때 의자를 뒤로 빼면
  뒤로 넘어져 머리를 다칠 수 있어.

7장 띵동, 집에 갈 시간!

머리를 풀고 하늘로 올라가는 것은?

불에 의한 재난을 '화재'라고 해. 화재 발생의 주된 원인도 '부주의'야. 불장난을 하거나, 가스 불을 잠그지 않고 외출하거나, 콘센트에 너무 많은 전기 기구를 연결해서 불이 나는 경우가 많아. 불이 났을 때 화재 사망자의 70퍼센트 이상이 연기에 질식돼 숨진다고 하니까 연기를 피해 대피하는 방법을 알아 둬야 해.

화재가 났을 때의 행동 요령

❶ 화재 발생 즉시 최초 목격자는 "불이야!" 하고 외치고 화재 경보 비상벨을 누른 뒤 119에 신고해.

❷ 젖은 수건이나 손으로 코와 입을 가리고 자세를 낮춰 지정된 장소로 대피해야 해. 이때 엘리베이터는 타지 말고, 꼭 계단으로 이동해. 이동할 때 뛰거나 밀면 안 돼.

❸ 이동이 어려울 경우 교실로 되돌아가 문을 닫고 옷이나 양말 등으로 틈새를 막은 후 구조를 요청해야 해.

❹ 대피 장소에서는 선생님의 안내에 따라 행동해.

이러면 안 돼! 왜 안 되냐고?

⚠ 불이 나서 무섭다고 옷장이나 침대 밑에 숨으면
- 🖐 연기에 질식해 사망할 수 있고, 소방관이 구조하러 왔을 때 찾기 힘들어.

⚠ 호기심으로 불장난을 하면
- 🖐 큰 화재로 이어질 수 있어.

⚠ 연기를 피해 대피할 때 자세를 낮추지 않으면
- 🖐 유독 가스를 많이 마셔서 질식할 수 있어.

연기를 피해 대피하는 방법

❶ 허리를 숙이고 낮은 자세로 대피해야 해.
➡ 자세를 낮춰야 하는 이유는 뜨거운 공기는 천장 위로 올라가고 차가운 공기는 바닥 아래로 내려오기 때문이야.

❷ 한 손으로는 손수건이나 옷을 이용하여 코와 입을 가리고

❸ 다른 손으로는 벽을 잡은 채

❹ 한 방향으로 재빨리 밖으로 대피해야 해.

7장 띵동, 집에 갈 시간!

불은 불인데 뜨겁지 않은 불은?

불을 끄는 데 쓰는 기구를 '소화기'라 하고, 불을 끄기 위해 마련해 놓은 소방용수 시설을 '소화전'이라고 해. 여기서 '소화'는 불을 끈다는 뜻이야. 소화기는 잘 보이고, 사용하기 편리한 곳에 둬야 해. 불이 난 초기에 가장 큰 역할을 하는 게 소화기니까. 평소에 소화기 사용법을 익혀 두는 게 좋겠지?

수수께끼 정답: 이불

소화기 사용 방법

① 소화기를 불이 난 곳으로 옮긴 뒤

② 위쪽의 안전핀을 뽑아.

③ 바람을 등지고 서서 호스를 불 쪽으로 향하게 해. 실내에서 사용할 때는 밖으로 대피할 때를 대비해 출구를 등져야 해.

④ 손잡이를 힘껏 움켜쥐고 소화 약제를 빗자루로 쓸 듯이 골고루 뿌려 불을 꺼야 해.

- ❗ **장난으로 소화기를 사용하면**
  - 🖐️ 정작 위급할 때 사용할 수 없어.

- ❗ **소화기를 구석에 꽁꽁 숨겨 두면**
  - 🖐️ 불이 났을 때 찾지 못해서 사용할 수 없어.

- ❗ **소화기를 들고 불이 난 곳에 너무 가까이 가면**
  - 🖐️ 화상을 입을 수 있으니까 조심해야 해.

소화전 사용 방법

＊아파트나 학교 건물에는 층마다 소화전이 있어.

① 소화전을 사용할 때는 2인 1조가 원칙이야. 긴 호스를 들고 혼자 왔다 갔다 하기에는 힘든 일이거든.

② 문을 열고

③ 호스를 빼고 노즐을 잡아.

④ 밸브를 왼쪽으로 돌려

⑤ 불을 향해 쏘면 돼.

7장 띵동, 집에 갈 시간!

수수께끼
지진이 났을 때 절대 부르면 안 되는 노래는?

지층이 지구 내부에서 생기는 힘을 받아 끊어지면서 땅이 흔들리는 현상을 '지진'이라고 해. 지진은 예고 없이 찾아오기 때문에 많은 피해를 입을 수 있어. 미리 행동 요령을 익혀 놓았다가 발생 시 침착하게 대처하는 게 중요해.

수수께끼 정답: 움풍

지진이 났을 때 행동 요령

학교에 있을 때

① 책상 아래에 들어가 몸을 웅크리고 책상 다리를 꽉 잡아.

② 흔들림이 멈추면 계단을 이용해 재빨리 운동장으로 대피해.

③ 복도에서는 창문 유리가 깨질 수 있으니 창문과 떨어져서 이동해.

지진이 났을 때 엘리베이터를 탔다면

지진이 발생하면 엘리베이터를 타면 안 된다는 거 잊지 마!

❶ 모든 층의 버튼을 눌러 가장 먼저 열리는 층에서 내린 후 계단을 이용해 재빠르게 대피해.

❷ 엘리베이터 안에 갇혔을 때는 인터폰이나 휴대 전화를 이용해 구조를 요청해.

집 밖에 있을 때

❶ 떨어지는 물건에 다치지 않게 가방이나 손으로 머리를 보호하고

❷ 건물과 떨어진 운동장이나 공원 같은 넓은 곳으로 대피해.

이러면 안 돼! 왜 안 되냐고?

⚠ **방석이나 가방으로 머리를 보호하지 않으면**
　소중한 생명을 잃을 수 있어.

⚠ **계단을 내려갈 때 질서를 지키지 않으면**
　사고가 나 많은 친구가 다칠 수 있지.

⚠ **지진이 났을 때 엘리베이터를 타면**
　엘리베이터가 멈춰 꼼짝없이 안에 갇힐 수 있어.

7장 띵동, 집에 갈 시간!

수수께끼: 식인종은 엘리베이터를 뭐라고 부를까?

이것은 다양한 맛 ㅈ. ㅍ. ㄱ.?!

띵

우르르

사람이나 짐을 위아래로 실어 나르는 장치를 '엘리베이터'라 하고, '승강기'라고도 불러. 스스로 움직이는 계단을 '에스컬레이터'라 하고, '자동계단'이라고도 해. 엘리베이터와 에스컬레이터는 높은 곳을 힘 안 들이고 오르내릴 수 있을 뿐만 아니라 많은 사람이 한꺼번에 이용할 수 있어 무척 편리해. 아파트, 백화점, 대형 마트, 지하철, 병원 등 사람이 많이 다니는 곳에 설치되어 있어.

수수께끼 정답: 가판기

엘리베이터 안전 수칙

① 버튼을 장난삼아 누르면 안 돼.

② 엘리베이터 안에서 쿵쿵 뛰어도 안 돼.

③ 엘리베이터 문에 기대면 안 되고, 충격을 줘서도 안 돼.

④ 갇혔을 땐 비상 인터폰으로 연락한 후

⑤ 구조를 기다려야 해.

도와 주세요-. 엘리베이터가 멈췄어요

이러면 안 돼! 왜 안 되냐고?

⚠️ **엘리베이터 문에 기대면**
　🖐️ 추락할 위험이 있어.

⚠️ **엘리베이터 안에서 쿵쿵 뛰거나 충격을 주면**
　🖐️ 안전 감지기가 작동해 엘리베이터가 멈출 수 있어.

⚠️ **에스컬레이터 손잡이를 잡지 않으면**
　🖐️ 갑자기 멈췄을 때 자신뿐만 아니라, 다른 사람도 줄줄이 넘어져 크게 다칠 수 있어.

에스컬레이터 안전 수칙

❶ 반드시 노란 안전선 안에 타.
❷ 이용할 때 반드시 손잡이를 잡아.
❸ 에스컬레이터가 움직이는 반대 방향으로 오르내리면 위험해.
❹ 손잡이 밖으로 몸을 내밀면 안 돼.
❺ 어린이와 노약자는 보호자와 함께 손을 잡고 타야 해.

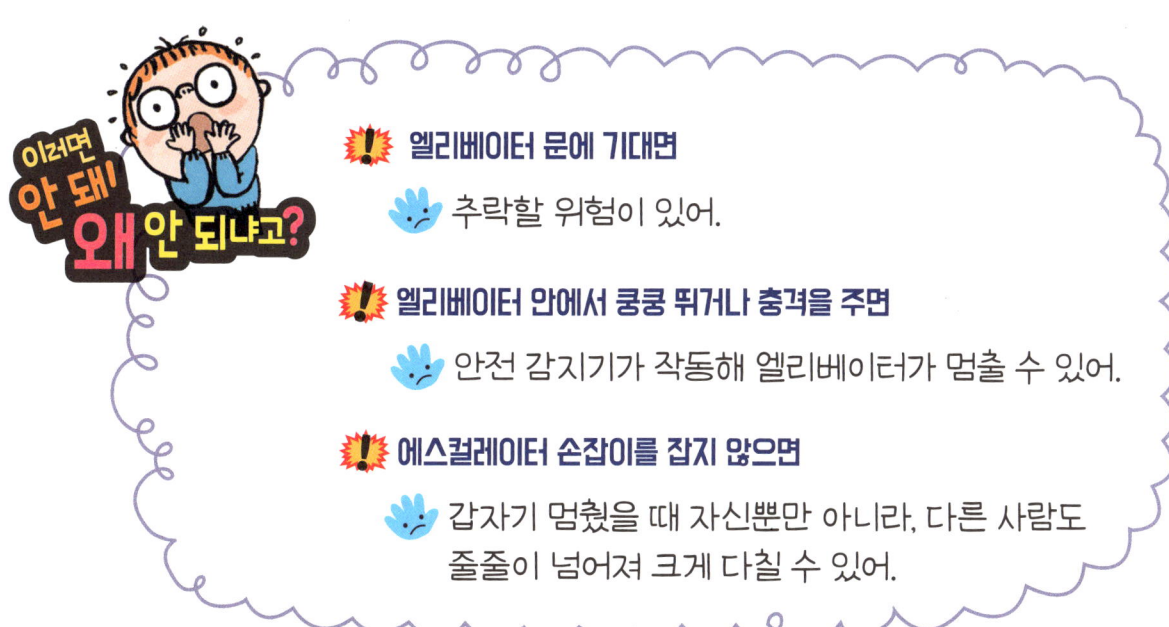

7장 띵동, 집에 갈 시간!

수수께끼

범죄 신고는 112, 화재 신고는 119, 심심할 때는?

수수께끼 정답: 369 게임

사람을 속여서 꾀어내는 것을 '유괴'라고 해. 보통 어린이를 대상으로 이루어지는데, 유치원생이나 초등학생은 특히 조심해야 해. 유괴범의 얼굴이 텔레비전에 나오는 악당처럼 험상궂게 생긴 게 아니거든. 착해 보이는 얼굴을 하고 아는 사람인 척 친절하게 다가오니까 속임수에 꾀어 절대 따라가는 일이 없도록 해.

낯선 사람을 만났을 때의 대처 요령

1. 낯선 사람이 이름을 부르면 대답하지 말고 자리를 피해.
2. 낯선 사람이 선물이나 먹을 것을 주면 받지 마.
3. 혼자 나가기 전에 부모님께 꼭 이야기해.
4. 혼자 다닐 때는 안전한 큰 길로 다녀.
5. 저녁 늦게까지 밖에서 혼자 놀지 마.
6. 부모님 허락 없이 다른 사람을 따라가면 안 돼.
7. 다른 사람이 강제로 데려가려고 하면 "안돼요! 싫어요!! 도와주세요!!!"라고 소리쳐.

➡ 주변의 어른에게 도움을 요청하거나 가게로 들어가서 도움을 요청해.

- ⚠️ **어른이 무거운 짐 드는 걸 도와달라고 하면**
  - 🖐️ 도와주지 않아도 괜찮아. 어른들은 힘이 약한 어린이에게 도움을 청하지 않아.

- ⚠️ **낯선 사람이 길을 가르쳐 달라며 차에 타라고 하면**
  - 🖐️ 차에 타면 안 돼. 차에 내비게이션이 있어서 어린이의 도움은 필요 없어.

- ⚠️ **부모님과 잘 아는 사람이라며 함께 가자고 하면**
  - 🖐️ 부모님께 미리 이야기를 듣거나 따로 연락 받은 게 없다면 가면 안 돼. 부모님은 잘 아는 사람이라도 함부로 내 아이를 맡기지 않아.

따라가면 절대 안 돼!

* 게임기, 선물을 준다고?
  게임기나 선물 등은 미끼야. 속지 마!

* 강제적인 힘으로 끌고 간다고? 도와달라고 소리쳐!

* 부모님의 친구, 친척, 이웃사촌, 아는 사람인 척하면서 같이 가자고 한다고? 절대 따라가면 안 돼!

* 동정심을 일으켜 도와달라고 한다고?
  아이들의 순수한 마음을 이용하는 거야.

8장
띵동, 저녁이야!

머리 감기

저녁 시간은 피곤해!

하루 종일 한 일이 많아 힘들더라도
자기 전까지는 내 할 일을 마무리해야 해.
머리를 감고, 숙제를 하고, 일기를 쓰고…….
'아, 피곤해!'
그래도 부모님이
"빨리 숙제해라!", "어서 일기 쓰렴!"
이라고 시키기 전에
스스로 알아서 하는 게 가장 좋아.

할 일을 마무리!

책가방 챙기기

잠옷 입고 일찍 자기

그림일기 쓰기

숙제하기

✔ 체크. 혼자서 할 수 있어!

- ◯ 나는 혼자 머리를 감아.
- ◯ 나는 스스로 숙제를 해.
- ◯ 나는 일기(그림일기)를 써.
- ◯ 나는 스스로 책가방을 챙겨.
- ◯ 나는 잠옷으로 갈아입고 일찍 자.

5개	😊	참 잘했어!
3~4개	😐	조금만 더 노력해 봐!
1~2개	😟	많이 노력하자!

손톱 깎기

8장 띵동, 저녁이야!

수수께끼

가지도 없이 잘 자라는 것은?

사람의 머리에 나는 털을
'머리털' 또는 '머리카락'이라고 해.
혼자서 가장 하기 힘든 게
머리 감기라고?
뭐든지 처음에는 서툴러.
하지만 자꾸 하다 보면
익숙해져서 무척 쉬워지지.

머리 감는 방법

① 머리를 감기 전에 물을 적당한 온도로 맞춰.

② 미지근한 물이 나오면 머리카락 전체를 충분히 적셔.

③ 샴푸는 500원짜리 동전 크기만큼 손바닥에 짜.

④ 손바닥에서 샴푸 거품을 내서 머리카락에 마사지하듯 발라. 이때 손톱으로 하면 상처가 날 수 있으니까 손가락의 지문으로 거품을 문질러.

⑤ 뒷머리는 지그재그 모양으로, 옆머리는 애벌레 모양으로 감아.

⑥ 머리카락 전체를 물로 깨끗이 씻어.

> ❗ **머리카락에 물을 충분히 적시지 않으면**
>   샴푸 거품이 잘 나지 않아.
>
> ❗ **샴푸할 때 눈을 뜨면**
>   거품이 눈에 들어가 따가워.
>
> ❗ **머리를 감고 난 다음 잘 말리지 않으면**
>   머리에 세균이 생길 수 있어.

❼ 수건으로 머리의 물기를 닦고 드라이기로 말리면 끝!

머리 감을 때의 올바른 자세

일어선 채 고개를 들고 머리를 감는 것이 좋아. 고개를 숙이고, 머리를 아래쪽으로 향한 채 머리를 감으면 목과 허리가 몸무게를 버텨야 해서 부담이 가고, 머리 쪽으로 혈액이 쏠려서 혈액 순환이 잘 안되거든.

8장 띵동, 저녁이야!

몸에 붙어 있는 톱은?

'손톱깎이'는 손톱과 발톱을 깎는 기구야. 손톱은 발톱보다 더 빨리 자라기 때문에 자주 깎아 줘야 해.

정답: 손톱깎이

손톱 깎는 방법

① 샤워 후 손톱이 말랑말랑해졌을 때 깎으면 좋아.

② 적당한 크기의 휴지(너무 작으면 자른 손톱이 휴지 밖으로 나갈 수 있어)를 깔고

③ 손톱깎이에 적당히 힘을 주어 손톱을 깎아.

④ 손톱의 하얀 부분이 조금 남도록 깎으면 돼.

⑤ 손톱을 둥글게 깎으면 손톱 끝이 살을 파고들어 아플 수 있어.

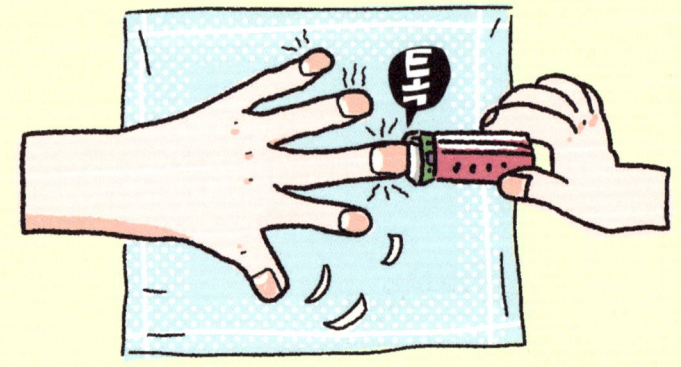

이러면 안 돼! 왜 안 되냐고?

! 손톱이 길면
  때가 끼어서 더러워.

! 손톱을 아무 데서나 깎으면
  손톱 파편을 한데 모아 버리기 힘들어.

! 발톱을 너무 둥글게 깎으면
  발톱 끝이 살을 파고들어 아플 수 있어.

❻ 잘린 손톱은 휴지에 싸서 쓰레기통에 버려.

❼ 다 쓴 손톱깎이는 제자리에 두기!

손톱 물어뜯는 버릇 고치는 방법

✱ 손톱 물어뜯기를 대신할 습관을 만들어. 고무줄, 피젯 토이 등 손에 쥘 물건을 가지고 다니면서 손톱을 물어뜯고 싶을 때 만져.

✱ 한동안 장갑을 끼고 다녀.

✱ 손톱에 일회용 반창고를 감아.

✱ 물어뜯지 않을 손톱을 하나만 골라서 나중에 물어뜯지 않은 손톱과 물어뜯은 손톱을 비교해.

8장 띵동, 저녁이야!

수수께끼
숙제를 안 해도 안 혼나는 사람은?

'숙제'는 학교에서 내주는 과제물로 학생이면 반드시 해야 해.
'알림장'은 그날그날 준비물과 숙제는 물론, 우리가 학교에서 어떻게 생활하는지, 집에서 어떻게 생활하는지, 부모님과 선생님께 알려 주지.

손쉽게 숙제하는 방법

❶ 집에 오자마자 오늘 숙제가 뭔지 알림장을 보고

❷ 편안한 옷을 입고 조용한 장소에서 숙제를 하면 좋아.

❸ 모르는 것이 있을 땐 부모님께 여쭤 보고

❹ 숙제를 다 한 뒤에는 잊지 말고 책가방에 넣어야 해.

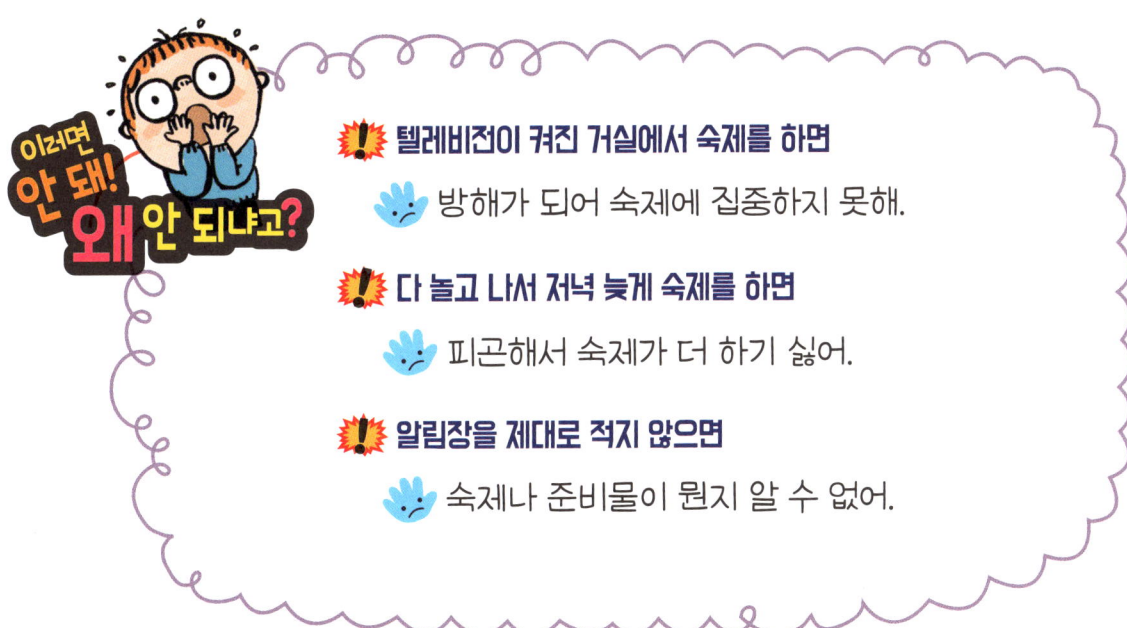

- ❗ 텔레비전이 켜진 거실에서 숙제를 하면
  - 🖐 방해가 되어 숙제에 집중하지 못해.

- ❗ 다 놀고 나서 저녁 늦게 숙제를 하면
  - 🖐 피곤해서 숙제가 더 하기 싫어.

- ❗ 알림장을 제대로 적지 않으면
  - 🖐 숙제나 준비물이 뭔지 알 수 없어.

숙제로 예습과 복습까지!

* '숙제'는 학교에서 배운 것을 복습하거나, 예습을 위해 집에서 하도록 내주는 공부야.

* '예습'은 앞으로 배울 내용을 미리 공부하는 것이고, '복습'은 배운 것을 다시 익히는 것을 말해.

* '오늘 해야 하는 숙제, 내일 준비물'이 적힌 알림장을 보고 하나하나 표시하면서 숙제를 하고 준비물을 챙기는 것도 좋아.

8장 띵동, 저녁이야!

수수께끼

아침에 네 발, 점심에 두 발, 저녁에 세 발로 걷는 것은?

'그림일기'는 오늘 있었던 일 중에서
기억에 남는 일이나 생각을
글과 그림으로 나타내는 거야.
'나는 오늘 아침에 일어나서 밥 먹고 학교에 갔다.'
처럼 항상 일어나는 반복되는 일은
적을 필요가 없어.
그러면 뭘 적느냐고?
다음을 읽어 봐.
일기 쓰는 방법을 알 수 있어.

그림일기 쓰는 방법

❶ 하루 동안에 겪은 일을 떠올려.

❷ 그중에서 기억에 남는 일을 하나 골라.

❸ 일기장 맨 위에 날짜와 요일, 날씨를 쓰고

❹ 있었던 일이 잘 드러나게 글을 쓰고

다양한 일기 쓰는 방법

✱ **독서 일기** : 읽었던 책에 대해 써 봐.

✱ **관찰 일기** : 식물이나 동물을 관찰한 내용을 적는 거야.

✱ **동시 일기** : 책에서 본 동시에 대한 느낌이나 내가 지은 동시를 써.

✱ **영화 일기** : 영화 이야기를 쓸 수 있지.

✱ **편지 일기** : 친구나 선생님, 부모님께 편지를 써도 돼.

✱ **학습 일기** : 공부한 내용에 대해 친구한테 설명하는 것처럼 써 봐.

❺ 기억에 남는 장면을 그림으로 그려.

❻ 쓴 글을 다시 읽고 다듬으면 그림일기 끝!

이러면 안 돼! 왜 안 되냐고?

❗ **바탕을 꼼꼼히 색칠하면**
  일기 쓰는 데 시간이 많이 걸려.

❗ **글씨를 삐뚤빼뚤 쓰면**
  어떤 일을 썼는지 알아보기 힘들어.

❗ **'나는 오늘'이라는 말을 쓰는 건**
  일기는 당연히 오늘 내가 쓰는 것이기 때문이야.

8장 띵동, 저녁이야!

날마다 학교에 가는데 공부는 조금도 안 하는 것은?

학용품을 넣어 다니는 가방을 '책가방'이라고 해. 매일 메고 다녀야 하니 책가방은 가볍고 적당한 크기가 좋아. 책가방은 스스로 챙겨야 하는 거 알지? 그렇지 않으면 자꾸 남에게 부탁하거나 미루는 나쁜 습관이 생기게 되거든. 전날 알림장을 보고 넣을 물건을 꼼꼼히 체크해 봐.

책가방 챙기는 방법

① 교과서와 공책처럼 부피가 큰 것부터 안에 넣고

② 필통을 넣어.

③ 알림장을 보고 학습 준비물을 챙기고

④ 과제물도 챙기고

⑤ 학교에 낼 통신문을 클리어 파일에 챙겨 넣어.

⑥ 물통은 가방 밖의 보조 주머니에 넣고

⑦ 가방 안전 덮개를 덮으면 끝!

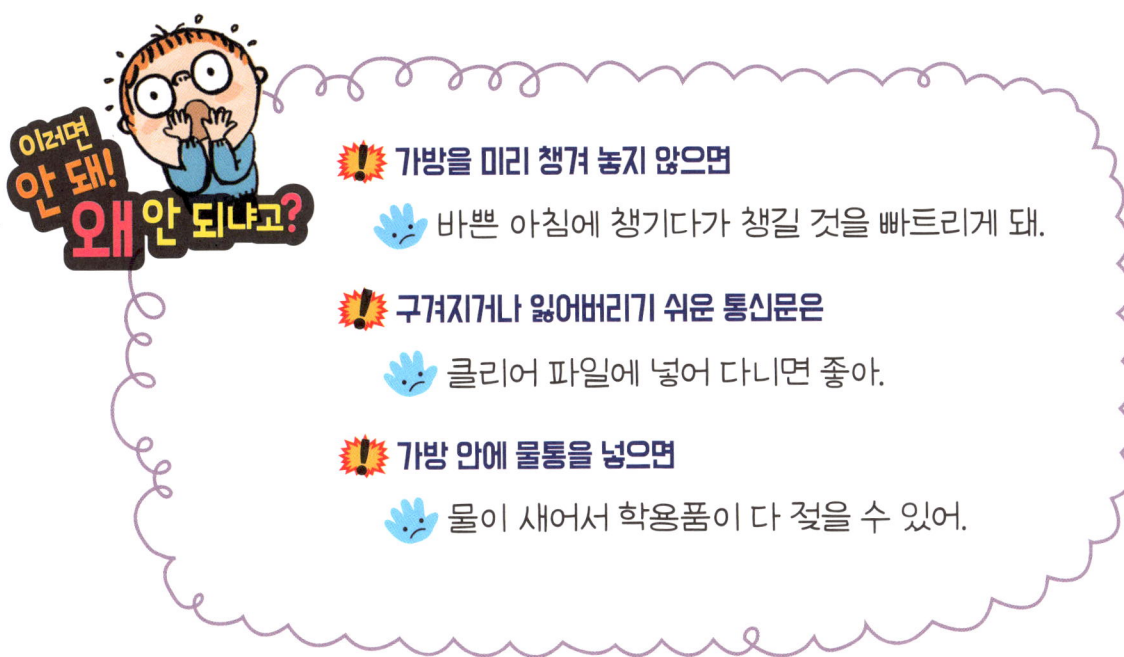

이러면 안 돼! 왜 안 되냐고?

⚠️ **가방을 미리 챙겨 놓지 않으면**
　　🖐 바쁜 아침에 챙기다가 챙길 것을 빠트리게 돼.

⚠️ **구겨지거나 잃어버리기 쉬운 통신문은**
　　🖐 클리어 파일에 넣어 다니면 좋아.

⚠️ **가방 안에 물통을 넣으면**
　　🖐 물이 새어서 학용품이 다 젖을 수 있어.

책가방 고르는 방법

✳ 가벼운 것이 좋아.

✳ 클리어 파일이 들어가는 정도의 크기를 골라.

✳ 보조 주머니가 여러 개 있는 게 좋아.
　 물통을 넣을 수 있는 옆 주머니가 있는지 살펴봐.

✳ 가방끈에 가슴 버클이 있으면 좋아.
　 학교에서 가방을 의자 뒤에 걸 때 편리하거든.
　 또 패딩을 입었을 때 가방이 흘러내리는 걸 막아 줘.

8장 띵동, 저녁이야!

수수께끼

잠을 잘 못 자는 신데렐라를 부르는 말은?

'잠옷'은 잠을 잘 때 입는 옷이야.
잠옷은 편안하게 잠을 잘 수 있도록 도와주지.
하루 종일 밖에서 입었던 외출복은
더러워지고 오염되었기 때문에
잠을 잘 때는
잠옷으로 갈아입는 게 좋아.

수수께끼 정답: 잠와달라

잠옷 입고 잘 준비하는 방법

❶ 자는 시간을 정확히 정해서

❷ 잠들기 전에 양치질을 하고

❸ 잠옷으로 갈아입어.

❹ 자기 전에 휴대 전화나 텔레비전은 보지 않는 게 좋아.

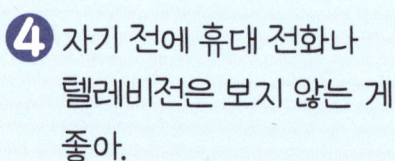

❺ 자, 이제 불 끄고 잠자기!

- ⚠️ **밤늦게까지 텔레비전을 보거나 게임을 하면**
  - 🖐️ 아침에 일어나기가 힘들어.

- ⚠️ **잠자는 시간이 부족하면**
  - 🖐️ 피곤해서 수업에 집중하지 못해.

- ⚠️ **불을 끄지 않고 잠을 자면**
  - 🖐️ 불빛 때문에 낮으로 착각해 깊이 잠들지 못하고 피로가 쌓여.

일찍 자고 일찍 일어나면 좋은 이유

* 몸도 튼튼해지고 키도 쑥쑥 자라.

* 잠자는 시간은 아홉 시간에서 열 시간 정도가 좋아.
  ➡ 저녁 9~10시에는 잠을 자야 아침 6~7시에 일어날 수 있어.

* 잠자기 한 시간 전에는 전자 기기를 사용하지 마.

* 아침에 늦게 일어나면 입맛이 없어서 식사를 거르게 돼.

글쓴이 **정명숙**

서울교육대학교와 명지대학교 대학원 문예창작학과를 졸업했고, 《아동문예》에 동화가 당선되어 작품 활동을 시작했습니다. 이후 포스트모던 한국문학예술상, 작사부문 올해의 자랑스러운 동요인상, 문예사랑 신춘문예 아동문학 부문 최우수상 등 다양한 아동 문학상을 받았습니다.
어린이의 마음에 아름다운 씨앗을 심어 줄 수 있는 글을 쓰는 걸 좋아합니다.
지은 책으로는 《누가 우리 쌤 좀 말려 주요》, 《내 이름은 플라스틱》, 《초등 전과목 어휘력 사전》, 《초등학교 선생님이 국어 책에서 쏙 뽑은 저학년 옛이야기》, 《안녕 자두야, 교과서 낱말 퍼즐》, 《나 오늘은 어휘력이 커지는 낱말 퍼즐 놀이》, 《두뇌를 깨우는 5분 퀴즈 놀이》, 《이해력이 쑥쑥 교과서 한자말 100》, 《내 에티켓이 어때서!》 등이 있습니다.

그린이 **김윤정**

만화 예술학을 전공하고, 영국에서 어린이 문학과 일러스트레이션, 디자인을 공부했습니다.
어려운 이야기를 재밌고 귀여운 그림으로 그리는 걸 좋아합니다.
그린 책으로 《꽃물그릇 울퉁이》, 《달에서 온 뿡야 시리즈 3권》, 《오찍이》, 《열하일기로 떠나는 세상 구경》, 《북한 떡볶이는 빨간 맛? 파란 맛?》, 《논어, 공자와 제자들의 인생 수다》, 《읽자마자 속담왕》, 《해와 달이 된 오누이가 태양계를 만들어》, 《왜 이런 이름이 생겼을까?》, 《세상에서 하나뿐인 봄 식물도감》 등이 있습니다.